Amadeus à la carte

Christoph Wagner

Amadeus à la carte

Eine kulinarische Reise
durch die Mozartzeit

Mit vielen leicht
nachkochbaren Rezepten

Kulinarische Fotomontagen:
Jürgen Schwope und
Petra Katharina Kassel

Pichler Verlag

Kapaunenragout mit Morcheln · Rezept Seite 41

Impressum

ISBN 3-85431-370-5

www.styriapichler.at

Lektorat: Barbara Sternthal
Umschlag- und Buchgestaltung: Bruno Wegscheider

Reproduktion: Pixelstorm, Wien
Druck und Bindung: Oldenburg Buchmanufaktur GmbH, Monheim

Bildnachweis

Fotomontagen: Jürgen Schwope und Petra Katharina Kassel: 4/5, 10/11, 18/19, 24/25, 28/29, 32/33, 38/39, 42/43, 46/47, 50/51, 54/55, 58/59, 64/65, 68/69, 72/73, 76/77, 80/81, 84/85, 90/91, 94/95
Internationale Stiftung Mozarteum: 12, 14, 26, 31 (Mitte), 52
IMAGNO/Austrian Archives: Porträt Mozart (Cover), 17, 18/19 (HG), 27, 28/29 (HG), 32/33, 44/45, 46/47 (HG), 64/65 (HG), 70, 72/73 (HG), 84/85 (HG)
Akg-images, Berlin: Cover (HG), 2/3, 4/5 (HG), 9, 10/11 (HG), 48, 49, 50/51 (HG), 54/55 (HG), 57, 58/59 (HG), 75, 76/77 (HG)
Bildarchiv Preußischer Kulturbesitz, Berlin: 71
Verlag Bartens, Berlin: 20
Kunsthistorisches Museum Wien: 83, 90/91 (HG)
Schwarzenbergische Archive, Murau: 67, 68/69 (HG)
Sammlung Hänsel, Wien: 21, 30, 35, 44 (links), 56, 60, 62, 92, 93, 94/95 (HG)
Louvre, Paris: 36, 38/39 (HG)
Musée Condé, Chantilly: 40, 42/43 (HG)
Wien Museum: 78, 79, 80/81(HG), 83, 87
Maria Elisabetha Meixner, Das neue große geprüfte und bewährte Linzer Kochbuch (Linz 1804): 22, 24/25 (HG)
Archiv Pichler Verlag: 61

Seiten 2/3: Teegesellschaft beim Prinzen Conti im Vierspiegelsaal des Temple in Paris mit dem jungen Mozart am Flügel. Gemälde, 1766, von Michel Barthélemy Ollivier (1712–1784).

Die CD

1. Le Nozze di Figaro: *Ouvertüre; 4:18*
Royal Philharmonic Orchestra, Sir Colin Davis

2. Le Nozze di Figaro: *Non più andrai; 3:39*
Claudio Desderi, London Philharmonic Orchestra, Bernard Haitink

3. Sinfonie Nr. 40 in G-Dur KV 550: *Molto Allegro; 5:31*
Academy of St Martin in the Fields, Sir Neville Marriner

4. Don Giovanni: *Finch'han dal vino (Champagnerarie) 1:18*
Sir Thomas Allen, Scottish Chamber Orchestra, Sir Richard Armstrong

5. Serenade in G-Dur (Eine kleine Nachtmusik) KV 525: *Allegro I; 5:31*
Academy of St Martin in the Fields, Sir Neville Marriner

6. Lieber Freistädtler, lieber Gaulimauli KV232; *2:21*
Wiener Akademie-Kammerchor, Xaver Mayer

7. Die Zauberflöte: *Ein Mädchen oder Weibchen (Arie des Papageno); 3:48*
Sir Thomas Allen, Scottish Chamber Orchestra, Sir Richard Armstrong

8. Horn-Konzert Nr 2 in e-moll KV 417 III: *Rondo; 3:13*
Barry Tuckwell, Academy of St Martin in the Fields, Sir Neville Marriner

9. Così fan tutte: *Un'aura amorosa; 4:42*
John Aler, London Philharmonic Orchestra, Bernard Haitink

10. Klavierkonzert Nr. 23 in A-Dur KV 488 II: *Adagio; 6:46*
Annie Fischer, The Philharmonia Orchestra, Sir Adrian Boult

11. Caro Mio Druck und Schluck, KV 571a; *2:38*
Erika Köth, Hermann Prey, Peter Schreier, Walter Berry, Convivium Musicum München, Erich Keller

12. Don Giovanni: *A cenar teco (Komtur-Szene, 2. Akt); 6:26*
Gottlob Frick, Eberhard Waechter, Giuseppe Taddei, Philharmonia Orchestra, Carlo Maria Giulini

13. Vivat Bacchus! (Bacchus lebe!), KV 384; *2:01*
Kimo Lappalainen, Noel Mangin, London Philharmonic Orchestra, John Pritchard

14. Sinfonie Nr. 31 „Pariser" in D-Dur KV 297: *Allegro assai; 7:39*
Academy of St Martin in the Fields, Sir Neville Marriner

Mit freundlicher Genehmigung der EMI Music Austria GmbH

Inhalt

Die Mozarts und der gute Geschmack 8

Die Mozarts in Salzburg 14
- *Mandelmilch mit Eierlikör* 15
- *Sago-Weinsuppe* 15
- *Beiriedscheiben in Senf-Safran-Rahmsauce* 16
- *Salzburger Pfandlnockerln* 21

Die Mozarts in Linz 21
- *Linzer Torte anno 1790* 22
- *Punsch zum Aufbewahren* 23

Die Mozarts in Deutschland 26
- *Rheinisches Zisterzienserbrot* 30
- *Hausgemachte Lindenblütenlimonade* 31
- *Spargel mit Kalbsbries und Beinschinken* 34

Die Mozarts in Paris 35
- *Hummer à la Madame Pompadour* 36
- *Kalbsleber-Timbale mit schwarzer Pfeffersauce* 37
- *Kapaunenragout mit Morcheln* 41

Die Mozarts in London 44
- *Lammkeule auf Alt-Londoner Art* 45
- *Kabeljau mit Austern* 49
- *Plumpudding* 52

Die Mozarts in Italien 52
- *Südtiroler Tellerfleisch* 53
- *Wachteln mit Weißwein und Melonen* 56

Die Mozarts in Prag 60
- *Wittingauer Bierkarpfen mit Kuba* 62
- *Fasan à la Don Giovanni* 66
- *Geschmorter Leporello* 66
- *Casanova-Salat* 70

Die Mozarts in Wien 71
- *Hippokras* 74
- *Altwiener Bier-Schado* 82
- *Schwarzreiter (Saibling) mit Flusskrebsen* 82
- *Gespickte Ochsenzunge* 83
- *Kalbsvögerl „Papageno“* 86
- *Wiener Apfelfleckerlspeise* 88
- *Rindskarbonadeln* 92
- *Stör in Kapern-Ingwersauce* 96

Vorweg

Die Rezepte basieren durchwegs auf historischen Vorlagen, wurden jedoch auf heutige Essgewohnheiten sowie Küchenverhältnisse adaptiert und sind, so nicht anders angegeben, für vier Portionen bestimmt. Auch die Zitate aus den Briefen von Wolfgang Amadeus und Leopold Mozart wurden der leichteren Lesbarkeit wegen behutsam heutigen Sprachgewohnheiten und der neuen Rechtschreibung angepasst.

Die Mozarts und der gute Geschmack

Joannes Chrysostomus Wolfgangus Theophilus Mozart war kein Schlemmer. Dem standen allein schon der von seinen Zeitgenossen immer wieder beschriebene kleine Wuchs, seine Kränklichkeit von Kind auf und sein zarter Körperbau entgegen. Doch Mozart war auch alles andere als ein Asket: Er erschien seinen Zeitgenossen vielmehr als ein zutiefst sinnenfroher Mensch, der alles Spielerische liebte.

Das begann bereits beim Spiel mit seinem eigenen Namen. Mozart nannte sich gerne Romatz oder Trazom, aber auch Wolfgango Amadeo, wobei Amadeus eine selbst gewählte Übersetzung von Theophilus ist. Das kann sowohl „der von Gott Geliebte" als auch „der Freund Gottes" bedeuten. Mozart fühlte sich möglicherweise als beides.

Neben dem Spiel liebte Mozart vor allem die Geselligkeit. Seine Gastfreundschaft war sprichwörtlich. Mozarts berühmter Biograph Alexander D. Oulibicheff schrieb 1847 über den Komponisten: „Wenn Mozart, statt stets für seine Freunde offene Tafel und Börse zu haben, sich eine wohl verschlossene Sparbüchse gehalten, nur Wasser getrunken und keiner Frau außer der seinigen den Hof gemacht hätte, so würde er sich besser befunden haben. Allerdings hätte man sich von einem solchen Philister keinen *Don Giovanni* erwarten dürfen."

Mozart, von Kindesbeinen an ein echter Tourneekünstler und dadurch an eine unstete Lebensweise gewohnt – allein seine erste Europareise währte 41 Monate –, entstammte zwar streng katholischen Verhältnissen, befleißigte sich jedoch, sehr zum Leidwesen seines Vaters Leopold, einer durchaus hedonistisch-freisinnigen Lebensweise. So war Mozart etwa für seine notorisch exquisite, nachgerade aristokratische Art, sich zu kleiden, bekannt und konnte sich stundenlang mit Sitz und Farbe eines Fracks beschäftigen. Eduard Mörike wiederum schreibt in der Novelle „Mozarts Reise nach Prag": „Man konnte ihn nach Tisch einen Tag wie den andern am Billard im Kaffeehaus, und so auch manchen Abend im Gasthof finden."

Was er in diesen Gast-, aber auch an den zahlreichen Fürstenhöfen, in denen er musizierte, gespeist hat, darüber lässt uns Mozart leider über weite Strecken im Unklaren. Ganz in Gegensatz zu Gioacchino Rossini, der sich sein Lebtag lang mit Mozart seelenverwandt fühlte, hat Mozart keine Menüpläne und schon gar keine Rezepte hinterlassen, während er uns über die Wirkungen der Küche auf seine Verdauung, um es einmal höflich zu formulieren, keineswegs im Unklaren lässt. „Bevor ich Ihnen schreibe, muss ich aufs Häusel gehen", informiert der junge Mozart etwa seine Augsburger Kusine Maria Anna Thekla, „jetzt ist's vorbei, ach! – jetzt ist mir ein Stein vom Herzen gefallen – nun kann ich doch wieder schmausen." Ein andermal goss Mozart seine „gastrosophischen" Überlegungen über die Metamorphosen der Nahrung sogar in Reime und verehrte seiner Frau Mama am 31. Jänner 1778 das folgende Poem:

Madame Mutter!
Ich esse gerne Butter. (…)
Wir fahren durch die Welt,
Haben aber nicht viel Geld. (…)
Ich bin bei Leuten auch,
Die tragen Dreck im Bauch,
Doch lassen sie ihn auch hinaus
Sowohl vor als nach dem Schmaus.
Gefurzt wird allzeit auf die Nacht
Und immer so, dass es brav kracht.

Seiner „trés cher Epouse" Konstanze wiederum sandte Wolfgang Amadeus Mozart am 6. Juni 1791 in ihr Kur-Domizil in Baden bei Wien den Rat eines um ihre Gesundheit besorgten Gatten nach: „Wer aber viel frisst, muss auch viel sch…"

Digestive Bemerkungen wie diese gibt es viele in Wolfgang Amadeus Mozarts Briefen. Über die Belange der Ess- und Trinkkultur seiner Zeit erfahren wir jedoch erstaunlicherweise wesentlich mehr von Mozarts Vater Leopold, der von vielen Biographen – und vor allem durch die grandiose Darstellung des Roy Dotrice in Milos Formans berühmtem Film „Amadeus" – meist als sehr strenger, unsinnlicher Mensch geschildert wird. Als Pädagoge mag er das wohl auch gewesen sein, in seinen Briefen entpuppt er sich jedoch als großer Freund gutbürgerlicher Hausmannskost und als eine schier unerschöpfliche Fundgrube, was die Lebensumstände, vor allem aber auch die Ess- und Trinkkultur der Mozartzeit betrifft.

Tatsächlich gab es in dieser Epoche – wir befinden uns gerade erst im Postkutschenzeitalter – nur wenige Menschen, die von Europa so viel gesehen haben wie die Familie Mozart, deren Reiseradius von London im Westen über Neapel im Süden, Amsterdam und Berlin im Norden und Pressburg im Osten reichte.

Von den knapp sechsunddreißig Jahren seines kurzen Lebens verbrachte Mozart immerhin zehn auf Reisen, davon allein 250 Tage in Pferdekutschen. Ein Reiseleben wie dieses erweiterte nicht nur in musikalischer und gesellschaftlicher, sondern auch in kulinarischer Hinsicht den Horizont,

In Pferdekutschen (hier an der Augartenbrücke, 1782) verbrachte Wolfgang Amadeus Mozart in ganz Europa gezählte 250 Tage seines Lebens.

Plumpudding · Rezept Seite 52

der von der verschwenderischen höfischen Küche in der Tradition der Spätrenaissance über die wohl gedeckten Tafeln des Großbürgertums in Salzburg, Wien oder Prag bis hin zur Bauernküche in den einfachen Einkehrgasthöfen, Vorstadtwirtshäusern sowie Vorspann- und Postationen am Rande der Landstraßen führte.

Das „Große Familienbild" der Mozarts. Wolfgang Amadeus musiziert mit Schwester Nannerl, rechts Vater Leopold Mozart. Die bereits verstorbene Mutter auf dem Porträt im Hintergrund. Ölgemälde von Johann Nepomuk della Croce, 1780/81.

Mozarts Reisekarriere begann, wie häufig erzählt wird, mit einem „Geigenkonzert", das der damals Sechsjährige vor Zöllnern gab, die davon so beeindruckt waren, dass sie ihn, ohne die Papiere der Familie zu kontrollieren, die Salzburger Landesgrenze passieren ließen. Und im Kloster Ybbs, so eine andere von Vater Mozart persönlich überlieferte Begebenheit, ließen die Franziskaner sogar ihr Mittagessen am Refektoriumstisch stehen, um dem Orgelspiel des damals sechsjährigen „Wunderkinds" in der benachbarten Kirche zu lauschen, wobei sie sich „fast zu Tode wunderten".

Von Reiselust im heutigen Sinne konnte zu Mozarts Zeiten freilich nicht die Rede sein, eher schon von einer Reiselast. Für all jene, denen für die Erhaltung ihrer persönlichen Bequemlichkeit kein eigenes Gefolge zur Verfügung stand, war das Reisen meist eine einzige Tortur. „Weil wir nun in den 27 Stunden unserer Reise nur 2 Stunden geschlafen und im Wagen nichts als 4 gebratene kalte Hendln mit einem Stück Brot verzehrt hatten", schreibt Leopold Mozart im Juni 1770 an seine daheim gebliebene Frau aus Rom nach Salzburg, „so kannst du dir unseren Hunger, Durst und Schlaf leicht vorstellen." Auch war das Reisen in diesen Zeiten alles andere als ungefährlich, und Vater Mozart sah sich, so er nicht selbst mitreiste, stets zu brieflichen Ratschlägen wie dem folgenden genötigt: „Gegenüber Fremden, die in eurem Wirtshaus wohnen, müsst ihr (...) nicht zu aufrichtig sein, denn es gibt viele Abenteurer und Spitzbuben."

Trotz solcher Misslichkeiten waren die Reisekosten für den Beamten Leopold Mozart, seines Zeichens stellvertretender Hofkapellmeister im klerikal verwalteten Stadtstaat

Salzburg, hoch, und die Einnahmen, die vazierende Musiker in diesen Zeiten erzielen konnten, im gleichen Maße niedrig: „Wenn die Küsse, die sie meinen Kindern, insbesondere dem Meister Wolfgang gegeben haben, lauter neue Louisdor gewesen wären, so wären wir glücklich genug", berichtete ein schon etwas resigniert wirkender Leopold Mozart heim nach Salzburg, „allein: weder der Wirt noch die Postmeister lassen sich mit Küssen abfertigen."

Auch von einer Wirtshausseligkeit im heutigen Sinne kann kaum die Rede sein. So heißt es etwa in der Schilderung eines reisenden Weltpriesters über den notorisch schlechten Service im 18. Jahrhundert: „Die langsamen Kellner kriechen wie die Schildkröten und Schnecken an den Bauernzäunen, sodass ein Gast oft eine halbe Stunde warten muss, bis er nach Contento bedient wird. (…) Hat der Gast etwas Gutes in der Schüssel, so setzen sie sich zu ihm, und essen ihm das Beste weg, und in ihrem Gang trappeln sie dahin wie Karrengäule." Weniger pointiert formulierte, aber durchaus ähnliche Klagen über schlecht zubereitete und kärgliche Mahlzeiten sowie nachlässige Bedienung findet man auch immer wieder in den Mozartbriefen. Und in seinem Singspiel *Der Schauspieldirektor* hat Mozart den schlechten Geschmack seiner Zeit sogar einmal ganz gehörig aufs Korn genommen: Gleich zu Beginn der Oper entspinnt sich zwischen dem Sänger Buff und dem Theaterdirektor Frank der folgende Dialog:

Buff: *Ein Direktor muss auf die Kassa sehen – ergo: die schlechtesten Stücke sind die Besten.*
Frank: *Aber lieber Buff, der gute Geschmack geht ja auf die Art vollends zu Grunde.*
Buff: *Ich bitt' Sie, bleiben Sie mit ihrem guten Geschmack zu Haus, er hat Sie beinahe an Bettelstab gebracht. Es ist ein Hirngespinst, das den Kopf, aber nicht den Beutel füllt. Die Leute führen ihn deshalb so häufig auf der Zunge, um ihn bei jeder Gelegenheit von sich zu geben, weil sie ihn nicht verdauen können. Guter Geschmack ist für große Herren, aber nicht für Privatleute.*
Frank *(seufzend): Das hab ich leider erfahren!*
Buff: *Und damit Sie 's nicht wieder erfahren, so machen Sie 's wie andre: hängen Sie ein prächtig Schild aus, mit Torten und Pasteten bemalt, und setzen Sie Speckknödel und Sauerkraut auf.*
Frank: *Das heißt: betrügen Sie die Leute.*
Buff: *Mundus vult decipi, ergo decipiatur. (dt.: Die Welt will getäuscht werden, also wird sie auch getäuscht.)*

Um sich in kulinarischer Hinsicht nicht allzu oft kulinarisch täuschen zu lassen, scheint im Haushalt Mozarts, der seine beste Geige schon als Kind „Buttergeige" zu nennen pflegte, auch auf die Qualität der Speisen durchaus Wert gelegt worden zu sein. Wo es auf Reisen möglich war, versuchte man eine Wohnung zu mieten und selbst zu kochen. Und Wolfgang Amadeus Mozart, den sein Biograph Wilhelm Spohr einmal einen „Schwelger in seinem Innern" nannte, benutzte nicht nur die Korrespondenz mit seinen Salzburger Verwandten, um sich stets frische Produkte aus den heimatlichen Bergen nach Wien liefern zu lassen, sondern er freute sich, als er einen seiner – zahlreichen – Wiener Hausstände in Herrn von Wetzlars „Herberstein'schem Hause" gründete, auch ausdrücklich über seine „schöne große Küche".

Mozart, dessen genialisches und gleichermaßen sehr erdiges Wesen vielfach beschrieben wurde, besaß in den Augen eine himmlisch-durchgeistigte Natur, auch „Sarastronatur" oder „Taminonatur" genannt, die er vor seinen Zeitgenossen jedoch tunlichst verborgen hielt, während er ihnen seine irdische, die so genannte „Papagenonatur", freizügig offenbarte. Von letzterer vor allem soll daher auch auf den folgenden Seiten berichtet werden.

Die Mozarts in Salzburg

„In Salzburg, dem Vaterlande des Hanswurst" – auch das ist eine der zahlreichen im Libretto des *Schauspieldirektors* versteckten Spötteleien – hat sich der am 27. Jänner 1756 um acht Uhr abends im Salzburger Hagenauerhaus geborene Wolfgang Amadeus Mozart Zeit seines Lebens so gefühlt, als würde man ihn selbst auch als Hanswurst behandeln. Er litt unter dem Musikern damals zugebilligten Lakaienstatus ebenso wie unter persönlichen Demütigungen durch Hofschranzen und zuletzt auch durch den Salzburger Erzbischof selbst. Während Vater Leopold, der Ähnliches empfunden haben mag, den Gang in die innere Emigration wählte, um seiner Familie Ernährung und Fortkommen zu sichern, war sein Sohn Wolfgang, der sich vom Vater darob als „flüchtig" schelten lassen musste, nicht gewillt, die Sachzwänge, die einem beamteten Musiker im Salzburger Zwergstaat auferlegt wurden, so einfach hinzunehmen. „Sie wissen, bester Freund, wie mir Salzburg verhasst ist", schrieb Mozart am 7. April 1778 aus Paris an seinen als Hofmeister bei Graf Arco dienenden Vertrauten Abbé Bullinger, „nicht allein wegen der Ungerechtigkeiten, die mein lieber Vater und ich alldorten ausgestanden haben, was schon genug wäre, um einen solchen Ort ganz zu vergessen und ganz aus den Gedanken zu vertilgen. (…) Ich habe meinem Vater schon einige Ursachen darüber geschrieben; unterdessen begnügen Sie sich auch mit dieser, dass Salzburg kein Ort für mein Talent ist! – Erstens sind die Leute von der Musik in keinem Ansehen, und zweitens hört man nichts. Es ist kein Theater da, keine Oper! – Wenn man auch wirklich eine spielen wollte, wer würde denn singen?"

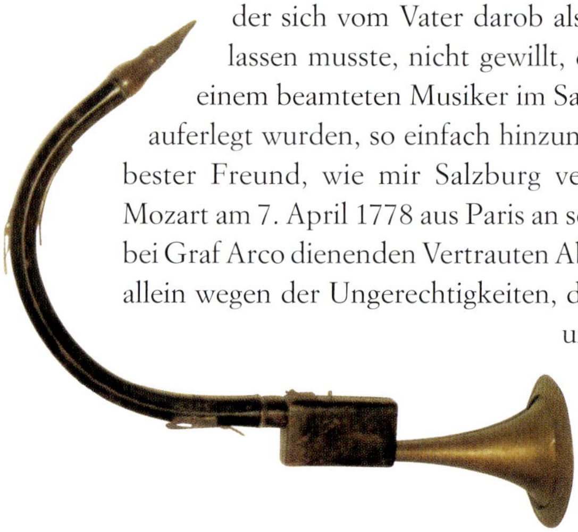

Mozart im „Tomaselli"

Mozarts zumindest nach außen hin meist frohgemutem Naturell konnten die zahlreichen zwischen Hofmusik und Hofküche gesponnenen Intrigen trotz solcher Unmutsäußerungen nicht viel anhaben. Er verstand sich bestens darauf, vergnüglich durch Salzburg zu flanieren und sich dabei blendend zu unterhalten. Häufig traf man Mozart in seinem Stammcafé, der im Volksmund schlicht „Gwölb" genannten „Staigerischen Caffetterie" am Alten Markt an, aus dem mittlerweile das berühmte „Tomaselli" geworden ist.
Mozart scheint das Gwölb freilich eher wegen seiner kommunikativen als wegen seiner kulinarischen Qualitäten immer wieder frequentiert zu haben. In Sachen Qualität ließ sich der weltgewandte und weit gereiste junge Musiker und Komponist nämlich nichts vormachen – und er hat den Salzburger Kaffeesieder daher auch einmal recht gnadenlos als „Patron des Brennsuppen-Kaffees, der schimmligen Limonade, der Mandelmilch ohne Mandeln und insbesondere des Erdbeereises voller Eisbrocken" analysiert.
Wie eine Mandelmilch zubereitet sein muss, die Mozart gemundet hätte, lässt sich heute schwer sagen. Anregungen für eine authentische Zubereitung kann man jedoch in vielen alten Kochbüchern finden.

Mandelmilch mit Eierlikör

Zutaten

500 ml Milch · 120 g Mandeln · 3–4 EL Zucker
1 Spritzer Bittermandelöl · 160 ml Eierlikör
125 ml Schlagobers, geschlagen und leicht gezuckert
1 EL Mandeln, grob gehackt und fettfrei geröstet

Zubereitung

Mandeln in heißem Wasser blanchieren, Häutchen abziehen, Mandeln gut trockenreiben und mahlen. (Ersatzweise lassen sich auch gemahlene Mandeln verwenden, was aber einen gewissen Aromaverlust mit sich bringt.) Milch, geriebene Mandeln, Zucker und Bittermandelöl in einen Topf geben und erhitzen. Jeweils 40 ml Eierlikör in ein Cocktailglas gießen und mit heißer Mandelmilch auffüllen. Alles mit einem Stirrer gut durchrühren. Das Obershäubchen aufsetzen und mit gerösteten Mandeln bestreuen.

Sago-Weinsuppe

Zutaten

4 EL Sago · 300 ml lind gesalzene Rindsuppe
1/2 Stange Zimt · geriebene Schale einer halben Zitrone
1 Flasche gehaltvoller Weißwein (z. B. Traminer)
1 Prise frisch geriebene Muskatnuss · 1 EL Zucker
2 Eidotter · 1 Prise Salz

Zubereitung

Den Sago mit der heißen Rindsuppe (oder Wasser) überbrühen und mit etwas Zitronenschale und einem Stückchen Zimt etwa 20 Minuten köcheln lassen. Mit Weißwein aufgießen, abermals aufkochen lassen. Eidotter mit Zucker verrühren. Suppe von der Herdplatte nehmen und mit der Eier-Zucker-Mischung legieren. Zimtstange entfernen, mit Salz abschmecken, Muskatnuss darüber reiben und heiß servieren.

Wie Nannerl den Sago sott

Vater Leopold Mozart litt, ähnlich wie sein Sohn, ständig an Katarrhen und Verkühlungen, weshalb er sich von seiner Frau und seiner Tochter Nannerl auch immer wieder gerne kräftigende Suppen zubereiten ließ. Nannerl verwendete, wie sie am 5. Oktober 1777 an ihren in München weilenden Bruder Wolfgang schrieb, dafür den heute in der Naturküche wieder modern gewordenen Sago, ein Verdickungsmittel aus weißlicher, glasiger, gekörnter Stärke, die aus den Wurzelknollen verschiedener tropischer Pflanzen, vor allem der Sagopalme gewonnen wird.

Wie Mozart sein Rindfleisch liebte

Dass der junge Mozart in sein Augsburger „Bäsle" Maria Anna Thekla Mozart mehr als nur verschossen war, geht aus den berühmt-berüchtigten „Bäsle-Briefen" recht eindeutig hervor. Der hübschen Kusine verriet Mozart allerdings nicht nur seine intimen, sondern zuweilen auch seine kulinarischen Vorlieben und sparte bei deren Beschreibung auch nicht mit neckischen Wortspielen wie dem folgenden: „(Jemandes) Zorn zu stillen, mildern oder zu besänftigen, will so viel sagen als jemand in einer Sänfte sanft tragen. – Ich bin von Natur aus sehr sanft, und einen Senf esse ich auch gern, besonders zu dem Rindfleisch."

Beiriedscheiben in Senf-Safran-Rahmsauce

Zutaten

4 Scheiben vom Rostbraten (Hochrippe), je ca. 200 g
2 EL Butterschmalz ∅ 125 ml Sauerrahm
2 EL Mehl ∅ 200 ml Rindsuppe
2 EL fein gehackte Petersilie ∅ 1 EL gehackte Kapern
1 EL Senf ∅ 8 gekochte Rindermarkscheiben
Salz ∅ Pfeffer ∅ Safran

Zubereitung

Die Beiriedscheiben leicht plattieren, salzen, pfeffern und in einer Kasserolle auf großer Hitze in Butterschmalz beidseitig scharf anbraten. Fleisch aus der Pfanne nehmen und kurz beiseite stellen. Bratenrückstand mit Mehl stauben, mit heißer Rindsuppe aufgießen, glatt gerührten Sauerrahm einrühren und mit Petersilie, Kapern, Senf und Safran abschmecken. Fleisch wieder zurück in die Kasserolle legen und anderthalb Stunden lang auf sehr kleiner Flamme oder bei 150 °C im Backrohr weich dünsten.
Vor dem Anrichten jede Rostbratenscheibe mit zwei heißen Markscheiben belegen und mit Bandnudeln servieren.

Die Salzburger Weinburleske

In Salzburg hatte Mozart mehr als einmal Gelegenheit, den Stoff, aus dem er später seine berühmte Osmin-Szene in der *Entführung aus dem Serail* gestalten sollte, gründlich kennen zu lernen. Dass Salzburgs Musici oft und gerne getrunken haben, lässt sich aus vielen Briefen von Vater Mozart erahnen. Am deutlichsten wird dieser jedoch, als er seinem Sohn – der in München eben die Uraufführung seines *Idomeneo* vorbereitete – in einem Brief vom 8. Jänner 1781 die folgende „Weinburleske" schildert: „Am 30. Dezember abends ging der Kellner vom Hofwirt in den Keller des Hofmarschalls, den der Wirt unter Bestand hat, um ein Zweieimerfass* vortrefflichen ungarischen Ödenburger Weins zu holen. Er legte das Zweieimerfass außerhalb des Kellers auf die Stiege und sagte dem Hausknecht (…), dass er das Fassl holen solle. Der Hausknecht vergaß es, und der Wein blieb liegen. In der Nacht kam um zwölf Uhr ein Heiduck** namens Hansgeorg besoffen nach Hause. – Das Haustor ist immer offen, weil die Schildwache vom Grafen Wicka gleich daneben steht, aber ins Zimmer konnte er nicht, alles war zu. Er nahm also Zuflucht zum üblichen Platz, den er öfter bei ähnlicher Gelegenheit einnahm und öffnete die Falltür zum Keller, um sich auf die Stiege zu legen. – Da fand er ein Fass. Er trug's unter das Tor, öffnete den Spund, roch den vortrefflichen Wein und sprach mit der Schildwache, die ihm, sobald die Ablösung geschah, ein großes Geschirr aus der Wachstube verschaffte: Dann ging der Spaß los. Die ganze Nacht hindurch hatten die Wicka-Biediensteten (…) und die Mirabell-Torwache Arbeit genug, den Wein, von dem auch eine gute Portion verschüttet wurde, auszusaufen. Die Morgenstreife fand in der Früh alle besoffen. Der Graf Wicka, der in aller Frühe zum Fenster hinaussah, hatte die Ehre, seine Schildwache auf dem Boden liegend in tiefem Schlafe zu bewundern. Einige konnte man bis zum Abend nicht zum Sprechen bringen. Nun sind sie alle im Arrest! À bon Conto, der Wein war vortrefflich – und rein ausgesoffen. Der Heiduck liegt im Rathaus mit frischem Wasser, um die hitzige Leber abzukühlen, und hat die Ehre, den Wein zu bezahlen."
Schon im Sommer nach der Schilderung dieses kapitalen Besäufnisses nahm Mozart die Vertonung der *Entführung aus dem Serail* in Angriff, in deren berühmter Saufszene es, freilich wesentlich poetischer, heißt:

Vivat, Bacchus! Bacchus lebe!
Bacchus war ein braver Mann!
(…)
Ah! das heiß' ich Göttertrank!
Vivat Bacchus! Bacchus lebe!
Der den Wein erfand!

* 1 Eimer = 60 Maß = ca. 64 l (Bayern) und ca. 56,5 l (Österreich)
** Ein Diener in ungarischer Heiduckenuniform

Vater Mozarts Speisezettel

Die Liebe, die Leopold Mozart zu seiner Familie hegte, war nicht nur von einer gewissen musikpädagogischen Strenge geprägt, sondern ging auch durch den Magen. So verwundert es auch nicht, dass er der Suche nach einem „neuen Kuchlmensch“, wie aus den Briefen an seine in St. Gilgen lebende Tochter Nannerl hervorgeht, auffallend viel Zeit und Aufmerksamkeit widmete. Ihr schreibt er auch höchst ausführlich über seine Essgewohnheiten, bei denen der „Hofwirt“, ein Gasthaus im Garten des nahen Palais Lodron in der heutigen Bergstraße 24, eine große Rolle spielte:
„Jetzt, da es kalt ist“, berichtete Vater Leopold etwa am 19. November 1784 ins Salzkammergut, „habe ich 6 Pfund gutes Rindfleisch gekauft und lasse mir 's zu Hause sieden. Von den Hendln, die ich noch im Futter hatte, ließ ich mir zu Zeiten beim Hofwirt eins braten. (…) Ich esse also halb beim Hofwirt und halb von eigener Kost: Hab ich etwas, so lasse ich mir 's dort richten. Das Gewöhnliche, was ich mir dort holen lasse, ist zu Mittag die Suppe mit einer Bratwurst, dann Kraut, zu Zeiten mit einer Leberwurst, etwa ein Lüngerl* oder Gekröse, Kälberfüße oder Eingemachtes.“
In einem anderen Schreiben ärgert sich Leopold Mozart darüber, dass in Salzburg das „Grünzeug“ wie Erbsen, Linsen und Fisolen** so teuer und der Preis für „Lungen und dergleichen“ sogar ums Doppelte gestiegen sei. Er ergeht sich ausführlich über das Thema Vanilleschokolade, berichtet über den Stockfisch, den er von seinem Händler zu bekommen hofft, freut sich über die frischen Lieferungen von Enten, Kapaunen***, Hasen, Lamm- und Gämsenfleisch, St. Gilgener Würsten, Brachsen und Krebsen aus dem Salzkammergut, bittet um ein „Senffassel“, revanchiert sich dafür mit einer Packung Safran und bekennt schließlich, dass seine wahre Leibspeis eigentlich der „Andifi“ – gekochter Endiviensalat – ist.
Dass sich eine derartige Vielfalt an Genüssen früher oder später auf den Magen schlägt, ist nicht weiter verwunderlich. Am 13. März 1787 bittet Leopold Mozart seine Tochter in St. Gilgen daher, ihm keine Fische mehr zu schicken, „da ich immer Fleischspeisen essen muss, nur Frösche in der Fleischsuppe esse ich. Übrigens sind alle meine Suppen Gerstenschleim-, Reis- und Haberkernsuppen****.“ Nur etwas Rindfleisch, Lämmernes und feines Kalbfleisch, beteuert der geplagte Vater, nehme er noch zu sich, denn sonst würden ihn „die Winde ums Leben bringen“.

Ansicht des Gartens von Schloss Mirabell. I. A. Corvinus, um 1790

Salzburger Pfandlnockerln · Rezept Seite 21

Leopold Mozart erweist sich in seinen Briefen nicht nur als Genießer, sondern auch als Experte in Sachen jeglicher Diät, die er seinen Kindern auch stets mit Rat und Tat anempfahl. „Die Hauptsache ist die dieta“, verfügte er beispielsweise am 4. Dezember 1780 brieflich an seinen während eines Gastspiels in München an einem argen Katarrh erkrankten Sohn Wolfgang. Neben dem allgemeinen Ratschlag „Wenig essen!“ gestattete der besorgte Vater dem Sohne „Suppen so viel du willst, aber kein Rindfleisch. Ein wenig gut zusammengesottenes Kalbfleisch oder Lammfleisch – am besten gut versottenes Lüngerl und zu Schleim versottenen Reis. (…) Die lind gesottenen gelben Rüben sind auch zum Mittag- und Nachtessen unvergleichlich, auch die süßen Rüben, stark versotten, oder nach der Kuchlsprache, die gedünsteten gelben und süßen Rüben sind vortrefflich.“
Dass Mozart die oft recht krausen Fastenratschläge seines Vaters wirklich ernst nahm, darf bezweifelt werden. Und als Leopold Mozart zugetragen wurde, dass sein Sohn sich im fernen Wien gegenüber dem Gefolge des Erzbischofs Colloredo gerühmt hatte, an Fasttagen Fleisch zu essen, hielt er ihm eine briefliche Standpauke, die Mozart zu der Rechtfertigung veranlasste: „Dass ich damit geprahlt hätte, ist nicht wahr, aber gesagt habe ich, dass ich mir nichts daraus mache, und es für keine Sünde halte, denn Fasten heißt bei mir (…) weniger essen als sonst.“

* Beuscherl, ** Grüne Bohnen, *** Kastrierte Hähne, **** Hafersuppe

Kannte Mozart Salzburger Nockerln?

Rezepte für das sündhaft-süße Dessert, das der Legende nach von Salome Alt (1568–1633), der Mesalliance von Fürsterzbischof Wolf Dietrich von Raitenau (1559–1617) erfunden wurde, gab es zu Mozarts Zeiten genug. Was man in Mozarts Küche jedoch noch nicht kennen konnte, war der um 1850 erfundene Sparherd – und damit auch das Backrohr. Gebacken und gebraten wurde bis dahin auf und unter der Glut, was nicht nur schweißtreibend und im wahrsten Sinn des Wortes „brandgefährlich“ war, sondern auch die schönste neue Küche schnell zur „Schwarzen Kuchl“ werden ließ.

Für Köstlichkeiten aus der Hand geschickter Zuckerbäcker hatte Mozart ein ganz besonderes Faible. (Kolorierter Stich von M. Engelbrecht, 18. Jh.)

Falls Frau Mozart, Nannerl oder die Köchin Tresel je Salzburger Nockerln auf den Speiseplan gesetzt haben sollten (in den Mozart-Briefen findet sich keine Eintragung, die darauf schließen ließen), so waren es zweifellos „Pfandlnockerln", die auch heute noch eine Köstlichkeit, aber nicht ganz leicht zuzubereiten sind.

Salzburger Pfandlnockerln

Zutaten

5 Eier · 4 EL Staubzucker · 1 Prise Mehl
1 Prise Salz · 2 EL Milch · 3 EL Butterschmalz
Geriebene Schale einer halben Zitrone

Zubereitung

Eier in Eiklar und Dotter trennen. Eiklar mit drei Esslöffeln Zucker steif schlagen. Drei Eidotter, wenig Mehl, Zitronenschale und eine Prise Salz darunter heben. In einer Pfanne Butterschmalz zerlassen, einen Esslöffel Zucker darin kurz ankaramellisieren und Milch zugießen. Aus der Eiermasse drei große, pyramidenartige Nocken stechen und diese in Butterschmalz wie ein Omelett unter mehrmaligem, vorsichtigem Wenden herausbacken.
Anschließend mit Staubzucker bestreut servieren.
Eventuell etwas Erdbeermark dazu reichen.
Leichter ist es, die Nockerln im auf 220 °C vorgeheizten Herd ca. 10–12 Minuten zu überbacken. Das Rohr darf dabei nicht geöffnet und die Nockerln müssen sofort danach serviert werden, weil sie sonst zusammenfallen.
Foto Seiten 18/19

Die Mozarts in Linz

Die Stadt, der Mozart trotz ihrer geringen Einwohnerzahl und mangelnden politischen Bedeutung eine eigene Symphonie gewidmet hat – eine Ehre, die er sonst nur Paris und Prag angedeihen ließ – lernte Mozart schon als Kind kennen, als er, von Salzburg her kommend, mit seinem Vater hier auf das „Wasser Ordinaire", ein Donaupassagierschiff, umstieg.

Linzer Punsch statt Linzer Torte

Ob Mozart damals oder bei einem späteren Aufenthalt in der Stadt, die ihn „mit Höflichkeit überschüttete", auch die örtliche Spezialität, die Linzer Torte, kennen gelernt hat, geht aus dem Briefwechsel der Familie leider nicht hervor. Sehr wohl bekannt sind jedoch zeitgenössische Rezepte dieses oft als „älteste Torte der Welt" apostrophierten Backwerks, das mit seinen typischen Gittermustern schon auf altägyptischen Fresken zu erkennen ist und 1696 erstmals der Stadt Linz zugeordnet wurde. Das folgende Rezept stammt aus einem handschriftlich überlieferten Linzer Kochbuch aus der Mozartzeit:

Linzer Torte
anno 1790

Zutaten

200 g glattes Mehl ⌀ 200 g Butter
1 EL Weißwein
100 g Zucker ⌀ 1 Prise Salz
100 g geriebene Nüsse oder Mandeln
40 g Semmelbrösel ⌀ 1 Ei
1 Msp Zimtpulver ⌀ 1 Msp Nelkenpulver
Geriebene Schale einer halben Zitrone
5 EL Ribiselmarmelade ⌀ 1 verquirltes Ei zum Bestreichen

Zubereitung

Mehl und Butter verbröseln, mit den übrigen Zutaten außer der Ribiselmarmelade zu einem Mürbteig verkneten und eine halbe Stunde kühl rasten lassen. Die Hälfte des Teigs in eine Tortenform drücken und mit Ribiselmarmelade bestreichen. Zwei Drittel des restlichen Teigs zu fingerdicken Rollen formen und gitterförmig auf die Torte legen. Aus dem restlichen Teig rund um das Gitter einen gewölbten Tortenrand formen. Gitter und Rand mit verquirltem Ei bestreichen und im auf ca. 160 °C vorgeheizten Backrohr etwa 40 Minuten lang hellbraun backen.

Foto Seiten 24/25

An Wolfgang Amadeus Mozart erinnern in Linz heute noch Inschrifttafeln am Starhembergischen Freihaus in der Klosterstraße

und im ehemaligen „Gasthof zur Dreifaltigkeit“ am Hofberg. Das wertvollste Erinnerungsstück, ein Gedicht aus Mozarts Hand, findet sich jedoch in der Handschriftensammlung des Linzer Musealvereins, der es nach dem Tod des Komponisten von Konstanze Mozart persönlich als Erinnerungsgeschenk erhielt. Das Poem vom 31. Juli 1783 ist Mozarts Schwester Nannerl – und einem Punsch – gewidmet.

Glückwunsch beim Punsch

Ich bin heut ausgegangen, Du wusstest nicht, warum. –
Ich kann nur soviel sagen, dass es geschah darum,
Um Dich mit etwas Kleinem ein wenig zu erfreu'n,
Wobei ich weder Kosten noch Fleiß noch Müh
wollt' scheu'n. –
Ich weiß zwar nicht gewiss,
ob Du den Punsch magst trinken.
O! Sage doch nicht – Nein, –
sonst möchte das Bindband stinken;
Ich dachte so bei mir, Du liebst die Engeländer,
Denn liebtest Du Paris, so gäbe ich Dir Bänder,
Wohlriechende Gewässer, ein künstliches Bouquet.
Du aber, liebste Schwester, Du bis keine Kokette.
Drum nimm aus meiner Hand den guten kräft'gen Punsch,
Und lass ihn Dir recht schmecken,
das ist mein einz'ger Wunsch.
W. A. Mozart, gekrönter Scheiben-Poet

Wie der Punsch in jener Stadt, in der es heute noch während der Weihnachtszeit aus vielen barocken Hinterhöfen nach Rum und Grog duftet, damals geschmeckt haben könnte, lässt sich dem folgenden Rezept entnehmen:

Punsch zum Aufbewahren

Zutaten für ca. 10 Liter

3 Dutzend schöne, unbehandelte Zitronen
1 Zuckerhut von 1500 g (ersatzweise die gleiche Menge Würfelzucker) ø 5 l Wasser ø 3,5 l Rum ø 0,5 l Cognac

Zubereitung

Die Zitronen halbieren, auspressen und mit einem scharfen Messer sehr fein schälen. Die Schalen in einen großen Topf geben. Den in kleine Stücke geschlagenen Zucker hinzufügen und mithilfe eines Spatels etwa eine halbe Stunde lang mit den Zitronenschalen durcharbeiten, um deren ätherische Öle vollständig herauszudrücken. Danach Zucker und Schalen mit kochendem Wasser begießen und so lange umrühren, bis sich der Zucker aufgelöst hat. Den Zitronensaft durch ein Haarsieb in den Punschtopf passieren. Die Flüssigkeit abschmecken und, je nach Geschmack, noch etwas mehr Zucker oder etwas mehr Wasser hinzufügen. Anschließend mit Rum und Cognac aufgießen, noch einmal gut durchrühren und den Punsch auf Flaschen beliebiger Größe abfüllen. Die Flaschen gut verschließen und an einem kühlen Ort, am besten im Keller, mehrere Wochen lang aufbewahren, danach allmählich aufbrauchen.

In Linz, der Stadt der Linzertorte, der schönen Linzerinnen und des Linzer Kochbuchs, entstand mit der Linzer Symphonie eines von nur drei symphonischen Werken, die Mozart ausdrücklich einer Stadt widmete.

Linzer Torte · Rezept Seite 22

Die Mozarts in Deutschland

Deutschland ist nicht nur das Land, aus dem Mozarts väterliche Augsburger Verwandtschaft stammt, sondern auch das Land vieler musikalischer Mozart-Triumphe. Der größte davon war zweifellos die dem trojanischen Sagenkreis entnommene Oper *Idomeneo, König von Kreta,* dessen Uraufführung der damals 25-jährige Mozart zur Zeit des Münchner Karnevals am 29. Jänner 1781 im Residenztheater vom Cembalo aus dirigierte und bei der er auch Regie führte.

Mozart hat in Deutschland oft, gerne und meist auch mit großem Publikumsecho musiziert und darüber auch sehr genau Buch geführt: „Die Reise war sehr angenehm, wir hatten bis auf einen einzigen Tag schönes Wetter", schrieb Mozart am 28. September 1790 aus Frankfurt an seine „Liebstes, bestes Herzens-Weibchen" Konstanze nach Wien. „In Regensburg speisten wir prächtig zu Mittag, hatten eine göttliche Tafelmusik, eine englische Bewirtung und einen herrlichen Mosler Wein."

Vom deutschen Publikum schien Mozart indessen trotz aller Erfolge keine besonders günstige Meinung gehabt zu haben. In einem seiner Briefe aus Augsburg schilderte der junge Mozart das vorwiegend aristokratische Publikum seiner musikalischen Akademien jedenfalls reichlich respektlos: „Es war eine Menge Noblesse da", merkte er am 17. Oktober 1777 an, darunter „die Duchesse Arschböhmerl, die Gräfin Brunzgern, und dann die Fürstin Riechzumdreck mit ihren zwei Töchtern, die aber schon an die zwei Prinzen Mussbauch vom Sauschwanz verheiratet sind."

Mozarts trinkfeste Eltern

Schmalhans ist bei der Familie Mozart trotz mancherlei finanzieller Engpässe niemals Küchenmeister gewesen. Nicht nur Leopold Mozart legte Wert auf gutes Essen und Trinken, auch Mutter Maria Anna erwies sich in dieser Hinsicht als durchaus emanzipiert. Von einem Kaffeepläuschchen, das er am 11. Oktober 1777 mit seiner Mutter in München bei den beiden Fräulein von Freysinger besuchte, erzählt Mozart beispielsweise, dass die Frau Mama dort keineswegs, wie von einer Dame zu erwarten, nur ein Tässchen Kaffee zu sich genommen habe, sondern vielmehr zwei Bouteillen Tiroler Wein.

Vater Mozart entwickelte sich in deutschen Landen sogar zum veritablen Liebhaber und Kenner von Rhein- und Moselweinen. „Liebster Herr Hagenauer", schrieb Leopold nach Salzburg an seinen Hausherren und Freund, den Spezereiwarenhändler auf dem Löchelplatz (in der heutigen Getreidegasse), „nun sehe ich den Unterschied unter den Rheinweinen. Es ist kein Wein in der Welt, von dem es mehr Gattungen gibt." Woraufhin sich der stets sparsame Vater Mozart in etlichen Rechnungen über den Weinpreis ergeht und zu dem Resultat gelangt, dass eine Maß* von edlem Rheinwein das Zwölffache von einfachem Tafelwein kosten konnte. Nicht zuletzt ob solcher Preise war Vater Mozart über eine Reisegefährtin, die mit ihrer Zofe im selben Gasthaus wie die Mozarts abstieg und „eine junge Person" war, „die viel Geld hat", einigermaßen

Oben: In einer Rheinlandschaft wie jener von Robert Griffier (London 1688–1750) entwickelte sich Vater Leopold Mozart zum Rheinweinkenner. Linke Seite: Ein Spinett, das Mozart bei seinem ersten Mailänder Aufenthalt zur Verfügung gestellt wurde. Ein Meisterwerk Antonio Scottis mit einem Rahmen für die Klaviatur aus Ebenholz mit Perlmuttintarsien, 1753.

erstaunt: Die Dame habe, wie der scharfsinnige Beobachter Leopold Mozart gleich bemerkte, schon beim Aussteigen aus der Kutsche einen sitzen gehabt, und er fährt fort: „Der Postillon erzählte, dass sie, ihr Kammermädel, der Bediente und er, der Postillon, teils in der Früh (…) 12 Maß vor lauter Hitze in sich hineingetröpfelt hätten. (…) Und nachdem sie abermals viereinhalb Maß ausgestochen (hatten), sind sie alle sternhagelvoll in den Wagen geführt worden, so dass es ein Wunder ist, dass sie der Postillon, der auch besoffen war, nicht einige Male umgeschmissen hat."

Rheinisches Zisterzienserbrot · Rezept Seite 30

Köche und Küchenmägde wie diese (Augsburg um 1750) waren den Mozarts auf ihren Reisen vertraute, aber keineswegs immer angenehme Begleiter.

Doch nicht nur der Rhein- und später auch der Moselwein rangen Leopold Mozart Respekt ab, er würdigte in seinem Brief vom 26. September 1763 ausdrücklich auch die Küche im Rheinland, wo er nach der Suppe einen „guten Rheinsalm mit Butter" speiste und dazu seinen selbst mitgeführten Vorrat von sechs Flaschen Rheinwein plünderte. Vielleicht speiste Vater Mozart dazu ja auch die eine oder andere Scheibe vom köstlichen Zisterzienserbrot, einer uralten Rheingauer Spezialität, die vor allem als „Weinbeißer" mit Recht einen Ruhm erlangt hat, der bis heute andauert.

Rheinisches Zisterzienserbrot

Zutaten

500 g gemischtes Faschiertes
(Hackfleisch von Schwein, Kalb und Rind)
100 g Räucherspeck oder geräucherte Gänsebrust, fein gehackt ∅ 3–4 Eier ∅ 2 Zwiebeln, fein gehackt
200 g Mehl ∅ 1/2 TL Backpulver
100 ml Milch oder Obers (Sahne) ∅ Salz ∅ Pfeffer
2 EL Schnittlauch, fein gehackt
200 g Dörrzwetschken, klein geschnitten
Butter zum Ausstreichen der Form

Zubereitung

Faschiertes, Räucherspeck oder Gänsebrust, Eier, Zwiebeln, Mehl, Backpulver, etwas Milch, Salz, Pfeffer sowie Schnittlauch vermischen und gründlich zu einem gleichmäßigen Fleischteig durcharbeiten. Danach die Dörrzwetschken einarbeiten, den Fleischteig in eine gut ausgebutterte, flache Auflaufform streichen und bei 200 °C ca. 40–45 Minuten lang backen. Das fertige Zisterzienserbrot kurz überkühlen, aufschneiden und noch lauwarm zum Wein servieren.

Da es zu Mozarts Zeiten noch kein Backpulver – es wurde erst gegen Ende des 19. Jahrhunderts vom Bielefelder Apotheker August Oetker erfunden – gab, wurde als lockerndes Backhilfsmittel Weinstein, Hirschhornsalz oder Pottasche verwendet. Foto Seiten 28/29

* 1 Maß = 0,4 l

Mozarts liebste Limonade

Das Schmieden von Reimen zählte, wie wir schon im Punschlied an seine Schwester Nannerl gesehen haben, zu Mozarts Leidenschaften, und er reimte keineswegs immer sehr vornehm. An sein Augsburger „Bäsle", dem Amadeus schon seine Vorliebe für Rindfleisch mit Senf gestanden hatte, schrieb der gerade großjährig gewordene Mozart im

Herbst 1777 aus dem nahen Mannheim: „Jetzt wünsch ich eine gute Nacht, scheißen Sie ins Bett, dass es kracht, schlafen S' gesund, recken S' den Arsch zum Mund; ich gehe jetzt nach Schlaraffen und tu ein wenig schlafen."
Ebenfalls aus Mannheim stammt das folgende Gedicht über Kaffee, Tee und Limonade, das der stets auf Freiersfüßen stolzierende Mozart jedoch nicht dem Bäsle, sondern einer gewissen Rosalie „Sallerl" Joly, ihres Zeichens Kammerjungfer im Hause des Grafen Arco, verehrte, die es wohl nicht nur kulinarisch verstehen sollte:

„Bäsle" Maria Anna Thekla Mozart aus Augsburg verstand es, die Sinne ihres berühmten Cousins zu beflügeln. (Bleistiftzeichnung, wahrscheinlich von Franz Lactanz Graf Firmian, 1777/78)

Nächste Doppelseite: Im Rokokotheater des „Spargelschlosses" in Schwetzingen findet bis heute alljährlich das große Mozart-Fest statt.

Ich sag dir
tausend Dank,
mein liebstes Sallerl,
Und trinke Dir
zur Ehr ein ganzes
Schalerl Kaffee
und dann auch Tee
und Limonade,
Und tunke ein
ein Stangerl
*von Pomade**
Und auch – auweh,
auweh, es schlägt
just Sex,
Und wer's nicht
glaubt, der ist –
der ist – ein Fex.

Hausgemachte Lindenblütenlimonade

Zutaten

2 Hand voll frisch gepflückte Lindenblüten voll aufgeblüht
1 unbehandelte Zitrone (biologisch),
in Scheiben geschnitten ◊ 500 g Zucker
4 l Wasser ◊ 1 EL Rosinen

Zubereitung

Lindenblüten in eine Schüssel legen und mit den Zitronenscheiben, den Rosinen und dem Zucker bedecken. Mit Wasser aufgießen und alles 12 Stunden lang unter stündlichem Umrühren ziehen lassen. Am Ende sollte der Zucker völlig aufgelöst sein. Die Limonade danach durch ein feines Haarsieb oder ein Küchentuch seihen und in gut gereinigte Flaschen mit Schraubverschluss bis jeweils 10 cm unterhalb des Flaschenhalses abfüllen. Die Flaschen zunächst zwei Wochen bei Zimmertemperatur und anschließend zwei Wochen im Keller oder Kühlschrank lagern, bis eine leicht moussierende, erfrischende Limonade entstanden ist.

Zu Mozarts Zeit war diese Limonade nicht viel weniger wertvoll als eine Flasche Bordeaux, da Zucker damals ausschließlich als Rohrzucker aus Übersee bekannt und eines der teuersten Lebensmittel überhaupt war. Der von Andreas Sigismund Marggraf 1747 entdeckte Rübenzucker hat sich erst um 1800 allgemein durchgesetzt.

* Bevor die Pomade in die Friseursprache als – ursprünglich unter Zuhilfenahme von Äpfeln (lat. pomus = der Apfel) hergestellte – Friercreme Einzug hielt, bezeichnete man alle Produkte mit Apfelaromen als Pomaden.

Spargel mit Kalbsbries und Beinschinken

Zutaten

500 g weißer Stangenspargel
1 Kalbsbries (Kalbsmilch) von ca. 350 g
2 EL Butter ø 1 EL Mehl ø 2 EL Petersilie, fein gehackt
1 dicke Scheibe Beinschinken von ca. 250 g
300 ml Rinderbouillon oder Spargelsud
Salz ø Pfeffer ø 1 Schuss Zitronensaft ø 3 Eidotter

Zubereitung

Spargel schälen, alle holzigen Teile abschneiden und in Salzwasser je nach Dicke 8–12 Minuten blanchieren. Spargel herausheben, mit kaltem Wasser abschrecken und in etwa 3 cm lange Stücke schneiden. Danach das gut gewässerte Kalbsbries ebenfalls kurz in kochendem Wasser blanchieren, enthäuten und in mundgerechte Ragoutbissen zerteilen. Butter in einer Pfanne zerlassen, mit Mehl bestäuben, zu einer lichten Einbrenn* verrühren und mit Bouillon oder Spargelsud aufgießen. Die Flüssigkeit etwa 10 Minuten lang köcheln lassen, bis sie schön sämig ist. Zunächst die Briesstücke einlegen und ca. 5 Minuten lang fertig garen. Dann die Spargelstücke und zuletzt den grobwürfelig geschnittenen Schinken hinzufügen. Mit einem Schuss Zitronensaft, Salz und Pfeffer abschmecken. Pfanne vom Herd nehmen und die Sauce mit den Eidottern legieren. Mit Petersilie bestreut zu heißen Salzkartoffeln servieren.

Die Schinkenwürfel können auch weggelassen oder durch Krebsschwänze und Morcheln ergänzt werden.
Im Originalrezept aus dem Jahre 1784 wurden Stücke vom gekochten Kalbseuter verwendet. Foto Seiten 32/33

* Helle Mehlschwitze

Schwetzinger Spargelsymphonie

Zu Wolfgang Amadeus Mozarts erfolgreichsten Auftritten in deutschen Landen zählten jene am Kurpfälzischen Hof in der Stadt Schwetzingen. „Meine Kinder haben ganz Schwetzingen in Bewegung gesetzt", berichtete Vater Mozart 1763 über den triumphalen Tourneeerfolg. „Die Kurfürstlichen Herrschaften hatten ein unbeschreibliches Vergnügen und alles geriet in Wunderung …"
Auch der reifere Mozart hielt Schwetzingen die Treue und reiste 1790 eigens an, um die Proben zu einer Aufführung seines *Figaro* persönlich zu überwachen. Bei dieser Gelegenheit berichtete er seiner daheim gebliebenen Frau Konstanze von jenem berühmten Schlossgarten, der heute – wie auch Schloss, Schlosskapelle und Schlossgartenrestaurant – im Mittelpunkt des alljährlichen Schwetzinger Mozartfests steht.
Ob Mozart auch vom weltberühmten Schwetzinger Spargel gekostet hat, ist nicht überliefert. Die Spargelsaison hat er bei seinen Besuchen stets knapp verpasst. Spargelrezepte hätte es zur Mozartzeit – schon 1743 beauftragte Kurfürst Carl Theodor seinen Hofgärtner, das „königliche Gemüse" in Schwetzinger Schlossgarten „gewerbsmäßig" anzubauen – jedenfalls bereits mehr als genug gegeben.

Spargel mit Kalbsbries und Beinschinken · Rezepte Seite 34

Die Mozarts in Paris

Paris und Mozart, das wollte von Anfang nicht recht zusammenpassen. „Wenn (…) die Leute Ohren hätten, Herz zum Empfinden und nur ein wenig etwas von Musik verstünden und Gusto hätten“, urteilte Wolfgang Amadeus Mozart über die Seine-Metropole, würde er „von Herzen lachen.“ So jedoch sei er, jedenfalls was die Musik anbelange, „unter lauter Vieher und Bestien“ gefallen. Neben derlei künstlerischen Misslichkeiten bereitete dem Familien-Impresario und sparsamen Rechner Leopold Mozart vor allem das Pariser Preis/Leistungsverhältnis beträchtliche Sorgen. „Wohlfeil ist hier nichts als der Wein“, vertraute er seinem Freund Hagenauer an und klagte darüber, dass man in Paris sogar für das Wasser bezahlen müsse. Auch was die Gagen betraf, zeigten sich die Pariser nicht allzu generös. Konzerte in Häusern Adeliger und Reicher, ja sogar im Königspalast zu Versailles fanden zwar immer wieder statt, doch sie brachten außer goldenen Tabatieren, einem Sackschreibzeug mit Silberfeder, einer goldenen Uhr und anderen hübschen kleinen Geschenken wie ein goldenes „Zahnstiererbüchsel“ für das Wunderkind und seine Schwester Nannerl kaum etwas ein. „Man stirbt nirgends gern“, fasste Leopold Mozart seine Pariser Erfahrungen zusammen, „allein hier sieht es für einen ehrlichen Deutschen, wenn er erkrankt oder gar stirbt, doppelt traurig aus.“

Mutter Mozart schien mit ihrem Ehemann, was die Einschätzung der Seinemetropole betraf, durchaus eines Sinnes gewesen zu sein. Ihr hat, wie Leopold Mozart berichtet, „die französische Lebensart von Anfang nicht gefallen; und mit der französischen Kost ist sie gar nicht zufrieden. Die Fasttage sind gar zum Erkranken, und Mehlspeise sieht man auch keine. Man braucht hier viermal mehr Haarpuder als Mehl, die Fische sind teuer, und da man keine eigene Hauswirtschaft hat und die Speisen vom Traiteur nehmen muss, so hat man wenig andere Hoffnung als krepierte Fische zu essen.“

Angesichts dieser Einschätzung der französischen Kochkunst verwundert es auch nicht, dass Vater Mozart die Hinrichtung einer Köchin, die eine blinde Witwe bestohlen hatte, nicht besonders rührte, als er dem blutigen Spektakel auf der Place de Grève, „wo man die Missetäter in die andere Welt schickt“, persönlich beiwohnte.

Die fette Madame Pompadour

Auch abgesehen von derlei schaurigen Szenen konnte Leopold Mozart seinen Salzburger Freunden aus Paris allerlei Tratsch berichten, hatte er doch die Chance, mit seinen beiden Kindern der in ganz Europa berühmt-berüchtigten Madame Pompadour persönlich, wenngleich schon in deren fortgeschrittenen Jahren zu begegnen.

„Sie muss recht gar schön gewesen sein, denn sie ist noch sauber“, urteilte Leopold Mozart am 1. Februar 1764 mit kritischem Kennerblick. „Sie ist von großer, ansehnlicher Person, sie ist fett, wohl bei Leib, aber sehr proportioniert, blond, hat vieles von der ehemaligen Freysauf-Tresel und in den Augen einige Ähnlichkeit mit der Kaiserin Majestät.

Sie gibt sich viel Ehre und hat einen ungemeinen Geist. Ihre Zimmer in Versailles sind wie ein Paradies."
Auch der kleine Amadeus fühlte sich beim Zusammentreffen mit der Konkubine König Ludwigs XV. an Kaiserin Maria Theresia erinnert, wenngleich auf völlig andere Weise. Einem Bericht seiner Schwester Nannerl zufolge habe die Madame Pompadour den kleinen Mozart nämlich auf den Tisch gestellt, und als dieser sich artig zu ihr hinüberneigte, um sie zu küssen, habe die Pompadour das abgewehrt. Darauf Mozart schlagfertig und selbstbewusst wie meistens: „Wer ist die da, dass sie mich nicht küssen will? Immerhin hat mich doch sogar die Kaiserin selbst geküsst."

„Wer ist die da, dass sie mich nicht küssen will?", fragte Mozart, als er Madame de Pompadour, der Favoritin König Ludwigs XV. (Gemälde von François Boucher, 1758), begegnete.

Hummer à la Madame Pompadour

Zutaten

2 Hummer von je ca. 750 g, möglichst mit Corail (Eiern)
3 EL Pflanzenöl ∅ 1 Zwiebel, fein gehackt
4 Kartoffeln, kleinwürfelig geschnitten
1 Zweiglein Thymian ∅ 1 Lorbeerblatt ∅ 4 cl Cognac
100 ml Fischfond oder Gemüsesuppe
125 ml Obers oder Crème fraîche

Zubereitung

Hummer in einem großen Topf mit ausreichend viel, stark wallendem Wasser pochieren, bis sich die Schalen rot färben. Herausnehmen, Hummerschwänze und -scheren ausbrechen und das ausgelöste Hummerfleisch in mundgerechte Stücke zerteilen. Corail abschaben und beiseite stellen. In einer Kasserolle das Öl erhitzen und die Zwiebel darin anschwitzen. Kartoffelwürfel, Thymian und Lorbeerblatt hinzufügen, kurz anziehen lassen und anschließend mit Fond oder Suppe ablöschen. Zugedeckt etwa 8–10 Minuten dünsten, bis die Kartoffeln weich sind. Danach die Hummerstücke zugeben, mit Cognac flambieren und noch 1–2 Minuten gar ziehen lassen. Hummerfleisch in eine vorgewärmte Schüssel umstechen und warm stellen. Die Sauce durch ein Haarsieb passieren und dabei die Kartoffeln gut ausdrücken, damit die Stärke nicht verloren geht. Die Sauce mit Obers oder Crème fraîche noch einmal aufkochen lassen, bis sie bindet.
Den Corail einrühren und die Sauce über den Hummer gießen. Dazu passen Reis oder Teigwaren.

Dieses Rezept gelingt auch mit Langusten, Scampi oder Garnelen sehr gut. Die Kartoffeln waren zur Zeit der Madame Pompadour zwar noch längst kein Volksnahrungsmittel, aber am französischen Hof als „Exoten" durchaus bereits bekannt.

Foto Seiten 38/39

Harte Leber und „schmutzige Brühe"

Auch bei ihrer zweiten Parisreise mochte Mutter Mozart mit der französischen Küche nicht recht Freundschaft schließen. Ganz im Gegenteil: Sie beklagte, dass alles um die Hälfte teurer sei als bei ihrer letzten Reise vor zwölf Jahren. Mittags, schrieb sie am 5. April 1778 an den daheim verbliebenen Gatten Leopold, lieferte ihr der Traiteur – ein Feinkosthändler, der auch auskocht und „über die Gasse" verkauft – eine Kräutersuppe, „die ich nicht mag", ein „Bröckel schlechtes Fleisch" und „einen Kalbsfuß in einer schmutzigen Brühe", ein andermal sogar eine „steinharte Leber". Kein Wunder, dass sie ihr Kalbfleisch für den Abend lieber von einer Dienstbotin einkaufen und „beim Bäcker braten" ließ.

Ob wirklich nur der Traiteur schlecht oder Frau Mozarts Gaumen für die Cuisine française ganz einfach nicht geschaffen war, geht aus diesen Zeilen nicht hervor. Wie Kalbsinnereien in Paris damals auch zubereitet wurden konnten (und in manchen traditionellen Bistros und Brasserien heute noch werden), lässt sich indessen dem folgenden Rezept entnehmen:

Kalbsleber-Timbale mit schwarzer Pfeffersauce

Zutaten

1 ganze Kalbsleber ∅ 400 g Ochsenmark (ersatzweise Nierenkernfett oder Butter) 2 Semmeln, entrindet und in Milch geweicht ∅ 1 Zwiebel 4–6 Wiesenchampignons, fein gehackt ∅ 2 EL Petersilie, fein gehackt 1 Zweiglein Majoran, gezupft ∅ 2 EL Butter ∅ 1 Prise Muskatnuss, frisch gerieben ∅ Salz ∅ Pfeffer ∅ 4 Eier ∅ 1 Schweinsnetz, gewässert

Für die Pfeffersauce

1 EL schwarze Pfefferkörner ∅ 2 EL Butter ∅ 1 Zwiebel, feinwürfelig geschnitten 125 ml Madeira oder Portwein ∅ 125 ml Rindsuppe ∅ 200 ml Obers ∅ Salz

Zubereitung

Die Kalbsleber enthäuten und auf einem Schneidbrett mit einem scharfen Messer fein schaben. Ochsenmark oder Butter sowie die beiden ausgedrückten Semmeln darunter mengen und alles mit einem Wiegemesser noch einmal fein wiegen (kann auch in der Küchenmaschine gecuttert werden).
Fein gewiegte Zwiebel, Petersilie und Majoran in einem Esslöffel zerlassener Butter andünsten und gemeinsam mit den Eiern unter die Lebermasse rühren. Masse mit Salz, Pfeffer und Muskatnuss würzen und sorgfältig zu einem geschmeidigen Fleischteig durcharbeiten. Eine geräumige Becherform (Timbale) mit der restlichen Butter ausstreichen und mit dem gewässerten, abgetrockneten Schweinsnetz auslegen. Die Form mit der Lebermasse füllen, das Netz darüber zusammenschlagen und die Lebertimbale im auf 180 °C vorgeheizten Backrohr etwa eine Stunde lang backen.
Inzwischen die Pfeffersauce zubereiten. Dazu die Pfefferkörner im Mörser zerstoßen oder in der Mühle frisch schroten und in einem Topf in der aufschäumenden Butter andünsten. Zwiebel hinzufügen und ca. 20 Minuten langsam weich dünsten. Portwein oder Madeira angießen und kräftig einkochen lassen. Mit Rindsuppe aufgießen und noch einmal einreduzieren. Zuletzt das Obers einrühren und solang aufkochen lassen, bis eine sämige Sauce entsteht. Sauce mit Salz abschmecken, durch ein Sieb passieren oder kurz aufmixen. Die Timbale aus dem Herd nehmen, die Form zunächst so stürzen, dass alles Fett gründlich abrinnen kann (auf einen Pfannendeckel oder ein Brett mit Rille setzen). Dann erst auf eine heiße Platte setzen und die Timbaleform abheben. Einen Teil der Sauce dazu verwenden, um den Leberkuchen zu umgießen, den Rest à part in einer Saucière reichen. Dazu kugelförmig ausgestochene Karotten* und Blattsalate reichen

Foto Seiten 42/43

Hummer à la Pompadour Rezept Seite 36

Hätte man Madame Mozart dieses Gericht in Paris serviert, ihre Einschätzung der französischen Küche wäre vielleicht etwas milder ausgefallen. Ihre vor allem auch von Leopold Mozart geliebte Salzburger Hausmannskost sollte Frau Mozart in diesem Leben allerdings nicht mehr vorgesetzt bekommen. Paris war die letzte Station ihrer Lebensreise. Am 3. Juli 1778 schrieb Wolfgang Amadeus Mozart an seinen Salzburger Vertrauten, den Abbé Joseph Bullinger: „Meine Mutter, meine liebe Mutter ist nicht mehr! Gott hat sie zu sich berufen – er wollte sie haben, das sehe ich klar. (...) Er hat sie mir gegeben, er konnte sie mir auch nehmen."

*Möhren

Willkommen daheim!

So traurig Mozarts letzte Parisreise ausfiel, so herzlich war der Empfang, der zuhause auf den Heimkehrer wartete. „Wir zählen die Tage, um dich zu umarmen", schrieb Vater Mozart am 24. September 1778 an seinen Sohn, als er hörte, dass dieser von Paris aufgebrochen war und sich auf der Heimreise befand. „Das Mensch, die Tresel, der Narr, hat (...) sechs Kapaune gekauft, und gestern hat die Nannerl ein paar wunderschöne Spitzdatzel* für dich eingehandelt." Wie die Kapaune in der Zubereitung der verlässlichen Haushälterin Tresel dazumal gemundet haben könnten, das lässt sich auch heute noch – notfalls unter Verwendung von guten Freilandhühnern – leicht nachverkosten:

Die schwelgerische Küche der Pariser Gourmets und Gourmands – hier beim Verzehren einer „Austernmahlzeit" (Jean-François de Troy, 1734, Musée Condé, Chantilly) – vermochte die eher konservativen Gaumen der Familie Mozart nicht sonderlich zu erfreuen.

Kapaunenragout mit Morcheln

Zutaten für 4–6 Portionen

1 Kapaun (ersatzweise Freilandhahn oder -henne von ca. 1,8 kg) ⌀ Ca. 120 g Frühstücksspeck, dünn geschnitten
40 g Butter zum Andünsten ⌀ 2 EL Butter für die Sauce ⌀ Ca. 750 ml Hühnersuppe ⌀ 1/2 Flasche Rotwein
1 Lorbeerblatt ⌀ 2 Schalotten, geschält ⌀ 3 Gewürznelken ⌀ 6 Pimentkörner ⌀ 1 EL Mehl
12 Morcheln, frisch oder getrocknet (ersatzweise andere Pilze oder Champignons) ⌀ Petersilie zum Bestreuen

Für die Geflügelnockerln

1 Ei ⌀ 3 EL dicker Rahm oder Crème fraîche bzw. Crème double ⌀ Salz ⌀ Pfeffer ⌀ Muskatnuss
1 EL Petersilie, gehackt ⌀ 2 EL Grieß

Zubereitung

Kapaun oder Huhn zunächst vierteln, von der Brust die Flügel und vom Biegel die Schenkel mit einem scharfen Messer oder mit der Geflügelschere abtrennen. Alle Stücke außer den beiden Bruststücken mit Speck umwickeln. 40 g Butter in einer Kasserolle zum Schmelzen bringen, die Hühnerstücke (außer den Brüsten) einlegen und rundum gut anbraten, bis der Speck knusprig wird. Mit 200 ml Hühnersuppe aufgießen, jetzt auch die Brüste einlegen, zudecken und alles auf sehr kleiner Flamme weich dünsten. Weich gegarte Hühnerbrüste herausheben und für die Nockerln beiseite legen. Restliches Fleisch weiter dünsten, bis alles weich ist (kann bei Kapaunen und Hähnen je nach Größe und Alter insgesamt 1–1 1/2 Stunden, aber auch länger dauern). Währenddessen bei Bedarf immer wieder etwas Suppe nachgießen.
Für die Nockerln die gegarten Hühnerbrüste von den Knochen lösen und in einem Mixer oder Blitzcutter pürieren (früher verwendete man dazu einen Mörser oder Reibstein). Ei, Rahm oder Crème fraîche, Grieß, Petersilie, Salz, Pfeffer und Muskat unter die pürierte Hühnerbrust rühren und alles 15 Minuten lang stehen lassen. Aus dem Fleischteig mit 2 kleinen Löffeln ovale Nockerln formen und in kochendem Salzwasser ziehen lassen, bis sie aufsteigen. Nockerln herausheben und warm stellen.
Währenddessen lässt man für die Sauce in einer Pfanne etwa zwei Esslöffel Butter schmelzen, rührt das Mehl ein und lässt es kurz anrösten. Mit einer halben Flasche Rotwein und gleich viel heißer Hühnersuppe aufgießen. Dann Lorbeerblatt, Schalotten, Nelken und Pimentkörner hinzufügen und alles auf mittlerer Hitze so lange verkochen lassen, bis eine schöne, sämige Sauce entstanden ist, in der man zuletzt auch die (bei Bedarf zuvor 20 Minuten in lauwarmem Wasser oder Suppe geweichten) Morcheln oder Pilze etwa 10 Minuten lang mitkocht. Dann werden die fertig gegarten Hühnerstücke und die Geflügelnockerln eingelegt und nach dem Abschmecken mit Salz und Pfeffer noch einmal erwärmt.
Das fertige Ragout wird, mit gekräuselter Petersilie bestreut und in einem Reisring oder mit Bandnudeln angerichtet.

Foto Seiten 6/7

* Spitzenmanschetten

Kalbsleber-Timbale mit schwarzer Pfeffersauce Rezept Seite 37

Die Mozarts in London

Mozart war, seinem Geiste und seinem Herzen nach, kein Deutscher, kein Österreicher, kein Wiener und schon gar kein Salzburger. Er war von Kindesbeinen an anglophil, oder, wie er sich selbst bezeichnete, ein „Erz-Engländer“. Die Faszination des britischen Inselreichs ließ ihn, seit er als Achtjähriger erstmals den Ärmelkanal überquert hatte, nicht mehr los. Noch vier Jahre vor seinem Tod erwog der in seiner Liebe zu allem, was englisch war, auch von der Persönlichkeit und dem Werk Georg Friedrich Händels sowie Berichten Joseph Haydns maßgeblich beeinflusste Mozart ernsthaft, nach England auszuwandern – und lernte aus diesem Grund brav Englisch.

„Die Speisen sind ungemein nahrhaft“

Während Wolfgang Amadeus Mozart an England eher die weltoffene Atmosphäre, die freimaurerische Grundierung (Mozart gehörte seit 1784 der Wiener Loge „Zur Wohltätigkeit“ an) sowie die legere, unverkrampfte Musikszene beeindruckten, fühlte sich Vater Leopold nicht zuletzt auch angesichts der britische Küche voll in seinem Element. Während er in seinen Briefen über die italienischen und französischen Speisen fast ausschließlich Klage zu führen pflegte, lesen sich die Berichte, die der konservative Esser Leopold Mozart in London verfasste, wie Nachrichten aus dem Schlaraffenland, in dem „sogar die Dienstmägde Tee trinken“ und „die Weiber Tabakspfeifen rauchen“.

„Die Speisen sind ungemein nahrhaft, substanzreich und kräftig“, resümierte Leopold Mozart im Mai 1764 gegenüber seinem Freund Lorenz Hagenauer. „Das Rindfleisch, Kalbfleisch und Lammfleisch (ist) besser und schöner, als man es in der Welt finden kann. Man sieht in den Feldern das schönste Vieh und Lämmer, die fast so groß wie ein Kalb sind. (…) Übrigens ist der Mittagstisch meist zwischen

zwei und drei Uhr, und auf die Nacht essen die meisten Leute nichts, oder nur etwa Käse, Butter und Brot und lassen sich einen guten Krug Starkbier dazu schmecken. (…) Und das Bier, von dem man verschiedene Gattungen haben kann, ist erstaunlich stark und gut."

Andächtig beschreibt Leopold Mozart auch die für ihn neue Sitte des Frühstückstoasts („Butterbrotschnitten, die samt der darauf gestrichenen Butter bei der Glut gebäht sind") und erfreut sich ausgiebigst an opulenten Mittagessen, bei denen etwa Schöpserne Schlegel oder ein „Roasted Beef" gereicht wird, das – als früher Vorläufer der modernen Niedertemperaturgarung – schon um acht oder neun Uhr des Vorabends für das Mittagessen am nächsten Tag aufgesetzt wurde. Als Beilage servierte man dazu dann gesottene Kartoffeln und Bohnen, und zum guten Schluss wurde auch noch ein „Plumb-Pudding" aufgetragen. – „Mit einem Wort", fasste Vater Mozart zusammen, die Engländer „essen wie die Panduren."

Das London, wie es der Maler Canaletto sah (hier das berühmte Northumberlandhouse) faszinierte auch die Familie Mozart, die an den Engländern nicht nur ihre Liebe zur Musik, sondern auch deren Küche zu schätzen wussten.

Lammkeule auf Alt-Londoner Art

Zutaten für 6 Portionen

1 Lammkeule, gut abgelegen ∅ Salz ∅ Weißer Pfeffer
Saft einer Zitrone ∅ 2 EL Pflanzenöl
100 g frische Pfefferminze ∅ 80 g Butter, zerlassen
1 EL Mehl ∅ 300 ml Lammfond oder Rindsuppe
2 EL Jerez-(Sherry-)Essig ∅ 1 KL Kristallzucker

Zubereitung

Die Lammkeule waschen und trockentupfen. Rundum mit einer Mischung aus Zitronensaft und Pflanzenöl einstreichen sowie mit Salz und weißem Pfeffer bestreuen. Die Keule mit den Minzeblättern bedecken und mit Folie abgedeckt über Nacht im Kühlschrank ziehen lassen. Am nächsten Tag die Minzeblätter abnehmen, fein hacken und mit Essig beträufeln. Die Keule in Butterpapier (oder Alufolie) einschlagen und für eineinhalb Stunden ins auf 180 °C vorgeheizte Rohr schieben. Danach das Papier bzw. die Folie abziehen.

Das Fleisch mit zerlassener Butter bestreichen, etwas Mehl darüber streuen und weitere 10–15 Minuten braten, bis die Kruste eine schöne, hellbraune Farbe annimmt. Die Keule warm stellen und rasten lassen. In der Zwischenzeit den Bratensatz mit Lammfond oder Suppe ablöschen. Flüssigkeit um ein Drittel einkochen lassen und mit der Pfefferminzmasse vermischen. Nach Geschmack etwas Kristallzucker unterrühren. Die Sauce sollte fein-säuerlich, aber nicht sauer sein.

Die Lammkeule tranchieren, auf einer heißen Platte anrichten und mit einem Teil der Sauce übergießen. Rundherum in Butter geschwenkte englische Gemüse (Spinat, Karfiol, Spargelspitzen, Erbsen etc.) anrichten. Mit Endiviensalat und dem Rest der Sauce auftragen. *Foto Seiten 46/47*

Lammkeule auf Alt-Londoner Art Rezept Seite 45

Die Familie Mozart, vor allem an Salzkammergutfische gewöhnt, staunte über den Reichtum der Londoner Fischmärkte nicht schlecht – fand das Angebot aber viel zu teuer. (Die Themse mit London Bridge, undat. Gemälde von William James, 1746–1771)

Der Bauch von London

Minutiös, wie es so seine Art war, vermaß Vater Mozart die Stadt London auch nach gastronomischen Gesichtspunkten und listete auf, was er in einer aktuellen Statistik nachgelesen hatte: „Hier sind mehr denn 1072 Bäcker, 1515 Metzger, 1411 Käsekrämer, 159 Fischhändler, 217 Geflügelhändler, 171 Braustätten, 551 Kaffeehäuser, 447 Weinhäuser, 5975 Bierschenken, 207 Gasthöfe, 8659 Branntweinschenken und 1214 Gemüseläden (ohne die gewöhnlichen Marktplätze)." Kein Wunder also, dass in einer solchen Stadt jährlich 98.224 Ochsen, 711.123 Schafe und Lämmer, 194.760 Kälber, 186.932 Schweine, 52.000 Spanferkel und 113.536 Schaff Austern verzehrt wurden.

Besonders beeindruckt zeigte sich Leopold Mozart, der deklarierte Liebhaber von Salzkammergutfischen, auch von der englisches Fischküche, auf die er sich offenbar schon gefreut hatte, als er während der Überfahrt nach Dover „die Fische, die (in England) Meerschweine heißen, im Meer auf- und niedersteigen sah".

Wesentlich weniger begeistert war Leopold Mozart, als er nach den Fischen auch die Preise von „Kalbeljau, Schellfischen,Weißlingen (…) Stockfischen, Flussfischen" und

Oben und Hintergrundbild Seiten 10/11. Chiswick House, Middlesex". Gemälde, 1741, von George Lambert (1700–1765) mit Figuren von William Hogarth (1697–1764). Öl auf Leinwand

einer „Menge an gesalzenen Fischen" kennen lernte. Obwohl man hier vom Meer buchstäblich umzingelt sei, ärgerte er sich, seien die Meeresbewohner „abscheulich teuer" und würden auch nur „für Pracht und Delikatesse" verzehrt.

Vor allem rühmte Vater Mozart die Qualität der Austern und befasste sich auch ausführlich mit der vom 26. Mai bis zum 6. Juli währenden „Mackerel Season", innerhalb derer 589 Schiffsladungen von je 20.000 Makrelen die Themse entlang nach Billingsgate verfrachtet und an die Londoner Fischhändler weiter geliefert wurden.

Kabeljau mit Austern

Zutaten

4 Filets vom Kabeljau-Mittelstück, à ca. 180 g
4 EL Mehl ∅ 6 EL Butter ∅ 500 ml Rindsuppe
Salz ∅ 1 Prise Muskatnuss, frisch gerieben
1 Prise Cayennepfeffer ∅ 1 Msp Sardellenpaste oder
1 TL Sardellenbutter ∅ Saft einer halben Zitrone
125 ml Sherry ∅ 1 Dutzend Austern, pochiert, eingelegt
oder geräuchert ∅ 2 EL frische Kresse, gezupft

Zubereitung

Kabeljaufilets leicht salzen, mit der Hälfte des Mehls bestreuen und in einem Drittel der Butter rundum schnell anbraten. Mit heißer Rindsuppe übergießen, mit Muskatnuss, Cayennepfeffer, Sardellen, Zitronensaft und Sherry abschmecken und 2 Minuten zugedeckt ziehen lassen. Die restliche Butter mit dem restlichen Mehl verkneten und in der Sauce langsam auflösen. Die Fischfilets noch weitere fünf Minuten ziehen lassen. Inzwischen die Austern grob hacken und kurz in der mittlerweile sämig gewordenen Sauce ziehen lassen. Mit Kresse bestreuen und mit Salzkartoffeln auf einer heißen Platte servieren.

Die Sauce kann, um sie noch molliger zu machen, vor dem Servieren auch mit einem oder zwei Eidottern gebunden werden. Sie darf dabei aber keinesfalls mehr kochen, damit die Eier nicht ausflocken. Foto Seiten 50/51

Inwieweit sich Leopold Mozart dem Londoner Delikatessenparadies nicht nur als Rechercheur, sondern auch als Verkoster genähert hat, darf freilich nur vermutet werden: Die Londoner Zeit der Mozarts war von einer längeren „Unpässlichkeit" Vater Leopolds überschattet, und auf Mutter Mozart schien daher noch mehr Arbeit als sonst zu lasten: „In Chelsea haben wir uns zwar anfangs vom

Kabeljau mit Austern

Rezept Seite 49

Traiteur das Essen bringen lassen", schreibt Leopold Mozart am 13. September 1764 an Hagenauer, „da es aber schlecht war, hat meine Frau selbst zu kochen angefangen. Vielleicht wird (sie) wieder fetter, denn bis jetzt ist sie mager geworden."
Das folgende Rezept hätte möglicherweise einiges dazu beitragen können, um Mutter Mozart wieder anständig aufzupäppeln.

Plumpudding

Zutaten

250 g Weißbrot, entrindet und fein gerieben
500 ml Milch ⌀ 125 g Butter, zimmerwarm
125 g Korinthen (ersatzweise Rosinen) ⌀ 125 g Rosinen, klein geschnitten ⌀ 100 g Zucker ⌀ 50 g Aranzini (kandierte Orangenschale), fein geschnitten ⌀ 1 Prise Salz ⌀ 1 Prise Muskatnuss, frisch gerieben ⌀ 1 Prise Zimtpulver ⌀ 2 Eier ⌀ 10 g Bittermandeln oder Mandeln, gestoßen
Wenig Ingwer, gestoßen ⌀ 50 ml Cognac ⌀ Butter für die Form ⌀ Glühwein oder Rum nach Geschmack

Zubereitung

Weißbrot mit kochender Milch übergießen und mit handwarmer Butter verrühren. Masse erkalten lassen. Korinthen, Rosinen, Zucker, Salz, Aranzini, Muskatnuss, Ingwer, Bittermandeln und Zimt beigeben und alles gut vermischen. Eier mit Cognac verquirlen und in die Masse einarbeiten. Eine große Puddingform gut ausbuttern und die Masse einfüllen. Den Pudding entweder 4 Stunden im Wasserbad garen oder 5/4 Stunden im vorgeheizten Backrohr bei 150 °C backen. Der Plumpudding wird noch heiß gegessen und zuvor nach Geschmack mit Glühwein oder angewärmtem Rum beträufelt.

Das Originalrezept aus der Mozartzeit wurde mit Rinder- oder Nierenfett zubereitet. In manchen Rezepten wird auch etwas frisches Obers beigemengt. Foto Seiten 10/11

Die Mozarts in Italien

„Mich hungert, mich dürstet, mich schläfert's, ich bin faul." – Der erste Eindruck, den Wolfgang Amadeus Mozart vom „Land, wo die Zitronen blüh'n" hatte, war jener eines „Saulochs." So bezeichnete er jedenfalls das damals allerdings noch nicht zu Italien gehörige Bozen, und fügte einen kleinen Reim „über einen, der über Bozen fuchsteufelswild und harb war", hinzu:

Soll ich noch kommen nach Bozen, So schlag ich mir lieber in d' Fozen.

Wolfgang Amadeus Mozart spielte als Knabe nicht nur perfekt Klavier, sondern auch „Buttergeige". (Ölgemälde von Pietro Antonio Lorenzoni, 1763.

In Kaltern scheint es dann allerdings schon etwas besser geklappt zu haben. Da ist freilich auch wieder Vater Mozart der Chronist, der nicht nur „stehenden Fußes" ein paar Stücke „Tellerfleisch" vertilgte, sondern dazu – der Südtiroler Wein scheint ihm offenbar nicht recht gemundet zu haben – auch eine „Maß recht guten Märzenbiers" trank.

Südtiroler Tellerfleisch

Zutaten

800 g Fleisch aus Kalbs- und/oder Schweinsschulter
Salz ø Pfeffer ø Mehl zum Bestäuben ø 1 Zwiebel
200 g Wurzelwerk ø 2 EL Butter oder Öl
Ca. 350 ml Kalbsknochen- oder kräftige Rindsuppe
8 Kartoffeln ø 2 Karotten ø 1 kleiner Kohlrabi
1 Stange Lauch ø 100 g Champignons, blättrig geschnitten
100 g Erbsen ø 1 Lorbeerblatt ø 1 Bund Schnittlauch
1 Schuss Zitronensaft

Zubereitung

Fleisch in mundgerechte, nicht zu kleine Würfel schneiden, salzen, pfeffern und rundum mit Mehl bestreuen. Die Zwiebel fein hacken und in heißem Fett glasig anschwitzen. Fleisch hinzufügen und unter häufigem Wenden braten, bis sich alle Poren verschlossen haben. Mit heißer Suppe aufgießen, Lorbeerblatt sowie zusammengebundenes Wurzelwerk zugeben und das Fleisch zugedeckt (je nach Fleischqualität 1–1 1/2 Stunden) weich dünsten. In der Zwischenzeit Kartoffeln, Karotten und Kohlrabi zuputzen und grobwürfelig schneiden. Vom Lauch nur die weißen und hellgrünen Teile verwenden und in Scheiben von 1/2 cm Stärke schneiden. Geschnittene Gemüse ca. 15–20 Minuten kochen lassen. Wurzelwerk und Lorbeerblatt wieder entfernen. Gemüse abseihen, gemeinsam mit Erbsen und Champignons zum fertig gegarten Fleisch geben und weitere 5–8 Minuten köcheln lassen. Den Schmorsaft bei Bedarf noch etwas einreduzieren oder mit wenig Mehl binden. Sodann mit Zitronensaft abschmecken und mit frisch gehacktem Schnittlauch bestreuen. Dazu Südtiroler Fladenbrot (Vintschgerl) oder geröstete Schwarzbrotscheiben reichen.

Dieses Gericht mundet auch vorzüglich, wenn man den Zitronensaft durch einen Schuss guten Weißweinessig und den Schnittlauch durch frisch geriebenen Kren (Meerrettich) ersetzt. Foto Seiten 54/55

Ein Schlafland mit „Tellern voller Vögel“

Der Weg durch Italien war, wie Vater Mozart einmal aus Neapel berichtete, „mit den abscheulichsten Wirtshäusern“, aber auch mit triumphalen musikalischen Erfolgen gepflastert. So wurde Wolfgang Amadeus Mozart bereits im Alter von vierzehn Jahren von Papst Clemens mit dem Orden vom Goldenen Sporn ausgezeichnet und mit fünfzehn zum Ehrenkapellmeister der Accademia Filarmonica di Verona ernannt. Nach seinem Mailänder Gastspiel im Jahr 1772 schreibt Mozart daher auch mit Recht, er sei in keinem anderen Land mit solchen Ehren empfangen und geschätzt worden wie in Italien.

Die Liebe der Italiener zu Mozarts Musik stieß bei seiner Familie, zumindest, was die italienischen Küche betrifft, indessen auf keine allzu große Gegenliebe. Vater Mozart bemängelte bei einem Empfang, leicht düpiert, die „schmutzigen Kuchlgöttinnen“, die er dort zu Gesicht bekam. Und über seinen Aufenthalt im winterlichen Verona des Jahres 1770 schreibt er: „Allerorten, wo wir speisen, (gibt es) im Speisezimmer weder Kamin noch Ofen. Man bekommt abscheuliche, schwarz-blau-rote Hände. Ich wollte lieber in einem Keller essen.“

Jung-Mozart entkam dem Erfrieren in den Speisesälen, indem er sich, wie er seiner Schwester Nannerl in einem Brief aus Bologna gestand, lieber unter einer Decke verkroch: „Italien ist ein Schlafland! Es macht einen immer schläfrig.“

Dabei war es gerade Bologna, wo Mozart die typische italienische Lebensweise und Lebenslust am Beispiel eines Dominikanerpaters, mit dem die Mozarts „umzugehen die Ehre hatten“, hautnah kennen lernen durfte. Dieser Pater werde, wie Mozart im August 1770 seiner Schwester Nannerl

Südtiroler Tellerfleisch Rezept Seite 53

Mozarts Italien: Heidnische Triumphbögen (Stich von A. Moschetti) und „schmutzige Kuchlgöttinnen"

Vorhergehende Doppelseite: Bozen, ital. Bolzano (Südtirol), Stadtansicht. Kupferstich, um 1750, von Johann Martin Engelbrecht nach Friedrich Bernhard Werner (1690–1778).

berichtete, hierzulande „für heilig gehalten", doch er selbst wolle nicht recht daran glauben. Der geistliche Herr nehme nämlich gleich zum Frühstück eine Tasse Schokolade sowie gleich darauf ein gutes Glas starken spanischen Wein zu sich und er, Mozart, habe ihn selbst dabei beobachten können, wie er bei der Tafel „brav Wein und zuletzt ein ganzes Glas starken Wein" getrunken und dazu zwei schöne Melonenscheiben, Pfirsiche, Birnen, fünf Schalen Kaffee, zwei volle Teller Zitronenmilch und einen ganzen Teller voll kleiner Vögel verdrückt habe. Ob es sich dabei um Krammetsvögel, Schnepfen oder andere Singvögel handelte, deren Jagd mittlerweile auch in Italien streng verboten ist, erfahren wir nicht. Falls Mozart jedoch Wachteln gemeint hat, so könnte man sie auch heute noch nach dem folgenden Rezept zubereiten.

Wachteln mit Weißwein und Melonen

Zutaten

4 Wachteln Ø 4 EL Olivenöl
120 g Speck, in hauchdünne Scheiben geschnitten
Salz und Pfeffer aus der Mühle
125 ml trockener Weißwein Ø 8 Minze- oder Zitronenmelissenblätter Ø 1/2 Wassermelone

Zubereitung

Die Wachteln gründlich waschen, trockentupfen, salzen und pfeffern. Jede Wachtel mit hauchdünn geschnittenem Speck umwickeln und in einer geeigneten Pfanne oder Kasserolle in heißem Olivenöl rundherum knusprig anbraten. Mit Weißwein ablöschen und die Wachteln zugedeckt etwa 20 Minuten lang dünsten. Inzwischen die Melone schälen, das Fruchtfleisch von Kernen befreien und in kleine Würfel hacken. Melonenwürfel mit den Minze- oder Zitronenmelissenblättern in die Kasserolle geben und auf kleiner Flamme noch ca. 10 Minuten weiter dünsten.
Mit weißer Polenta servieren. *Foto Seiten 58/59*

„Überflüssiges Fressen und Saufen"

Vater Mozart betonte in seinen Briefen immer wieder, dass sich seine Familie – ganz im Gegensatz zum „überflüssigen Fressen und Saufen", das er unter seinen italienischen Gastgebern immer wieder beobachtete – „gottlob bei Feigen, Melonen

und anderen Früchten, die wir sehr mäßig essen, sehr wohl" fühlte. „Kleine Besoldung, große Krüge! Und lange Durchzüge!" fasste er in wenigen Worten die Erlebnisse seiner Italien-Tournee zusammen und suchte während des ausgedehnten Mailand-Aufenthalts vor der Uraufführung des *Mitridate* mit Erfolg nach einer „sicheren Wohnung", da er nach allen Erfahrungen „kein Liebhaber im Wirtshaus abzusteigen", war, „wenn es nicht sein muss".

Zu dieser Zeit amüsierte sich der junge Mozart, damals gerade fünfzehn Jahre alt, mehr bei Karnevalsumzügen als bei opulenten Gastmahlen und las mit großem Spaß eine Ausgabe der Märchen aus 1001 Nacht in italienischer Sprache, die ihm eine römische Gastgeberin als Geschenk verehrt hatte.

Die Mahlzeit, die auf die Familie Mozart während ihrer ausgedehnten Reisen zwischen Verona und Rom den tiefsten Eindruck gemacht zu haben schien, fand in Mailand, allerdings nicht bei Italienern statt. Hier wurden die Mozarts vielmehr von einer Förderin namens Madame von Asteburg bewirtet, deren familiäre Wurzeln als „ehemaliges Trogermariandl" in Salzburg lagen, was sie auch durch „Leberknödel mit Sauerkraut, die sich der Wolfgang ausgebeten hat", unter Beweis stellte, denen sie – vor allem auch zu Leopold Mozarts Freude – „einen herrlichen Kapaun und Fasan" folgen ließ.

„Viviamo come i Principi" hat Wolfgang Amadeus Mozart hier möglicherweise ausgerufen. Überliefert ist dieser Ausspruch allerdings keineswegs aus Italien, sondern aus dem bayerischen Wasserburg.

„Italien ist ein Schlafland", konstatierte Mozart, ließ sich aber dann während der Karnevalszeit doch liebend gerne von Maskenspielern und Scaramuzzen wecken. (Pietro Longi, „Il Ridotto", 1757/60, Venedig.

Wachteln mit Weißwein und Melonen Rezept Seite 56

Die Mozarts in Prag

„Meine Prager verstehen mich.“ Dieser Ausspruch ist nicht nur eines der berühmtesten Mozart-Zitate, sondern hatte in Mozarts Karriere auch seine volle Berechtigung. Als Mozart 1787 erstmals die „Goldene Stadt“ besuchte und dem Zöllner am Stadtturm seine Papiere zeigte, soll dieser ihn mit der neugierigen Frage begrüßt haben, ob er womöglich jener Herr Mozart sei, dem der berühmte *Figaro* zu verdanken sei. Als Mozart bejahte, scharten sich sogleich etliche Passanten um ihn, und aus allen Richtungen strömten die Menschen zum Stadtturm, um den Komponisten im Chor willkommen zu heißen.

Den „Don Giovanni“ komponierte Mozart zwar für „seine Prager“, die erste gedruckte Ausgabe der Partitur erschien allerdings erst 1801 in Leipzig.

Die Mozartliebe in der Moldaumetropole, der Mozart neben der – ursprünglich für die Londoner gedachten – *Prager Symphonie* vor allem seine Oper *Don Giovanni* und später auch noch die Krönungsoper *La Clemenza di Tito* widmete, hält bis heute an. Und dass sich, im Gegensatz zu Mozarts trister Bestattungszeremonie im grauen Wien, nur neun Tage nach dem Tod des Meisters in der Prager St. Nikolauskirche 3000 Menschen einfanden, um dem von einem 120-köpfigen Chor intonierten Requiem für den Komponisten zu lauschen, gab Mozart sogar noch posthum Recht.

Dabei begannen die Beziehungen Mozarts zur Goldenen Stadt erst vier Jahre vor seinem Tod, sollten dann freilich bis fast zuletzt nicht mehr abreißen. Kein Wunder: Während Mozarts in den Kreisen des Hochadels durchaus nicht ohne Grund als provokant empfundene Oper *Figaros Hochzeit* aufgrund ihrer vielerorts als antiaristokratisch empfundenen Tendenzen in Wien nach nur neun Aufführungen abgesetzt wurde, versetzte gerade diese Oper das als gegenüber den Habsburgern besonders „aufmüpfig“ bekannte Prag monatelang in einen veritablen Mozartrausch. *Figaro* wurde eine Saison lang nahezu en suite gegeben, und die meisten Arien entwickelten sich zu sprichwörtlichen Gassenhauern.

Vom Breitfeldt'schen Ball, „wo sich der Kern der Prager Schönheiten zu versammeln pflegt“, berichtete Mozart seinem Freund Gottfried von Jacquin nach Wien: „Ich tanzte nicht und löffelte nicht. – Das erste, weil ich zu müde war, und das letztere aus meiner angeborenen Blödigkeit. – Ich sah aber mit ganzem Vergnügen zu, wie alle diese Leute auf die Musik meines Figaro (…) so innig vergnügt herumsprangen; – denn hier wird von nichts gesprochen als vom – Figaro; nichts gespielt, geblasen, gesungen und gepfiffen als – Figaro.“

Es schien fast so, als hätte Mozarts Librettist Lorenzo da Ponte geahnt, was auf ihn und Mozart in Prag zukommen sollte, als er dem Grafen Almaviva die folgenden Worte in den Mund legte:

Pracht und Glanz soll da herrschen
Und Überfluss in Getränken
und in Essen.
Man schmause, man singe,
man tanze, man springe!
Auf meine Kosten sei ein jeder
von euch
Heut lust'ger Dinge!

Die Postkutsche als Ort der Burleske: Die Reisenden hatten genügend Zeit, um sich diese mit lustigen Spielen zu vertreiben, die bei Mozart vor allem Sprachspielereien waren. (Illustration aus den Eipeldauer-Briefen)

Gaulimauli, Runzifunzi, Pùnkitititi und Schamanuzky

Mozart, der den bevorstehenden Erfolg intuitiv vorauszusehen schien, war schon auf der Reise, obwohl er sich – wie Mörike später über Mozarts zweite Prag-Reise, jene zur Uraufführung des Don Giovanni im Herbst 1787 schrieb – in der „Backofenhitze" der Kutsche gefühlt haben muss „wie Hämmel auf Fleischers Karren", bester Laune und unterhielt seine Mitpassagiere, indem er ihnen lustige Namen wie Gaulimauli, Freistädtler, Runzifunzi und Schurimuri gab. Sich selbst nannte Mozart Pùnkitititi, sein Frau Konstanze Schabla-Pumfa und seinen Hund Gauckerl Schamanuzky.

Noch heute können Amadeus-Pilger bei Raschala im Weinviertel, wo die Kutsche einen Halt einlegte, auch Mozarts berühmten „Pinkelstein" bewundern, einen unmittelbar an der alten Poststraße gelegenen Granitblock, an dem der Komponist von einem menschlichen Rühren heimgesucht wurde.

Im Jänner 1787, gleich nach Mozarts erster Ankunft in Prag, gab Graf Johann Joseph von Thun für die Mozarts ein Festessen mit musikalischer Begleitung und lud das Ehepaar ein, in seinem Palais Logis zu nehmen. Erst anschließend stiegen die Mozarts im Gasthof „Zu den drei Goldenen Löwen" ab, von wo sie nach einer Woche ins näher am Prager Ständetheater gelegen Gasthaus „Zum Goldenen Engel" übersiedelten.

Die Prager Küche, wie Mozart sie in Gaststätten wie etwa der „Blauen Weintraube" in der Zelezná 22, dem „Goldenen Adler" am Kleinseitner Ring oder in der ebenfalls auf der Kleinseite gelegenen Weinstube „Zu den drei Geigen" kennen lernte, war zu damaligen Zeiten wohl eher eine deutsch-österreichische Küche, die freilich stark von der böhmischen Bauernküche geprägt war, zu der neben den Karpfen aus den berühmten südböhmischen Teichwirtschaften um Wittingau vor allem auch eine echte „Kuba" aus Rollgersteln zählte – zwei Archetypen der böhmischen Küche, die füreinander wie geschaffen scheinen.

Wittingauer Bierkarpfen mit Kuba

Zutaten

4 Karpfenstücke à 200 g ∅ Salz ∅ Pfeffer
250 ml Budweiser Bier ∅ 1 Zwiebel ∅ 2 EL Pflanzenöl
1 TL Kümmel ∅ 1 Schuss Zitronensaft ∅ 2 EL kalte Butter

Für die Kuba

200 g Rollgersteln (Graupen) ∅ 2 EL Schweineschmalz
1 Zwiebel, fein gehackt ∅ 2 Knoblauchzehen ∅ Salz
Pfeffer ∅ 1 Prise Majoran ∅ 20 g getrocknete Pilze, in lauwarmem Wasser 20 Minuten geweicht, klein geschnitten

Zubereitung

Karpfenstücke waschen, trockentupfen, salzen und pfeffern. In eine Schüssel legen, mit Bier übergießen und 1 Stunde lang im Kühlschrank marinieren (dabei mindestens einmal wenden). In der Zwischenzeit die Kuba zubereiten. Dafür Rollgersteln waschen, abtropfen lassen, in der doppelten Menge Wasser weich kochen, bis die Flüssigkeit nahezu verdampft ist. In einer Kasserolle zwei Drittel des Schweineschmalzes zerlassen und die gehackte Zwiebel darin glasig anschwitzen. Geweichte, abgetropfte Pilze und mit Salz zerdrückten Knoblauch hinzufügen. Die gekochten Rollgersteln unterrühren und alles mit Majoran, Pfeffer und Salz abschmecken. Das restliche Schweineschmalz über die Kuba verteilen und die Kasserolle in ein auf 170 °C vorgeheiztes Backrohr stellen und backen, bis sich an der Oberfläche eine goldbraune Kruste bildet. Währenddessen die Zwiebel in Ringe schneiden und in heißem Öl leicht anbräunen. Karpfenstücke darauf legen, mit Kümmel bestreuen, mit Zitronensaft beträufeln und mit der Biermarinade ablöschen. Die Karpfenstücke zugedeckt auf sehr kleiner Flamme ca. 15–20 Minuten lang dünsten. Karpfen aus der Pfanne nehmen, den Bratensaft etwas einkochen und mit kalten Butterflocken binden.
Mit der Kuba und Blattsalaten servieren. *Foto Seiten 64/65*

Abendgesellschaft bei „Don Giovanni's“

Mozarts Prager Freund und späterer Biograph, Professor Franz Xaver Niemetschek, schrieb über seine Eindrücke vom Auftreten des Komponisten: „Die Körperbildung dieses außerordentlichen Menschen hatte nichts Auszeichnendes; er war klein, sein Angesicht angenehm, aber, wenn man das große, feurige Auge ausnimmt, kündigte es die Größe seines Genies auf den ersten Augenblick nicht an.“
Mozart schien das auch selbst gewusst zu haben und bezeichnete sich auch gerne, gar nicht so unbescheiden, als „Mozart magnus, corpore parvus“, als „großer Mozart mit dem kleinen Körper“.

Letzterer ist vielleicht auch der Grund, warum uns Mozart über die kulinarischen Erlebnisse seiner Prager Zeit nur recht wenig verrät. Möglicherweise war die böhmische Küche für seine zarte Konstitution schlicht und einfach zu deftig. Viel gesprächiger sind da schon Don Giovanni und Leporello. Don Giovanni hegt offensichtlich eine Vorliebe für Fasanenfleisch und trinkt – gemäß seinem Motto „Mädchen und Reben würzen das Leben“ – jenen Wein, den Mozart auf seiner Italienreise im Trentinischen kennengelernt hat: den Marzimino. In Lorenzo da Pontes Libretto, auf das Mozart nach eigenen Worten maßgeblich Einfluss genommen hat, liest sich das dann so:

Don Giovanni
Ha, das Mahl ist schon bereitet! (…)
Leporello, trag' die Speisen auf!

Leporello
Euch zu dienen bin ich hier.

(…)

Don Giovanni
Diese Schüssel ist vortrefflich.

Leporello (beiseite)
Er ist gut bei Appetite!
Was sind das für Riesenbissen,
Und vor Hunger sterb' ich schier.

Don Giovanni
Wie er mich voll Neid betrachtet,
Er vergeht noch vor Begier.
Teller!
(…)
Schenk' mir Wein ein!
Exzellenter Marzimino!

Leporello
Vom Fasan hier diesen Schlegel
Bring' ich sachte außer Sicht.

Don Giovanni
Ei, wie mästet sich der Flegel,
Und er glaubt, ich merk' es nicht.
(Die Bühnenmusik intoniert eine Melodie aus „Figaros Hochzeit".)

Leporello
Die Musik kommt mir äußerst bekannt vor!

Don Giovanni
Leporello!

Leporello (mit vollem Munde)
Euch zu dienen.

Don Giovanni
Kerl, was steckt dir in der Kehle?

Leporello (verlegen)
Habe Schnupfen, habe Husten,
Mit dem Sprechen will's nicht gehn.

Don Giovanni
Nun, so pfeife, kürz die Zeit mir!

Leporello
Kann es nicht!

Don Giovanni
Warum?

Leporello
Verzeiht mir! (Schluckt endlich den Bissen herunter.)
Euer Koch sucht seinesgleichen,
Der Verlockung musst' ich weichen,
Konnte nimmer widerstehn!

Don Giovanni
Ja, mein Koch sucht seinesgleichen,
Ihm kann keiner widerstehn.

Was der unwiderstehliche Küchenmeister in Don Giovannis Palast da genau auf den Tisch gezaubert hat, lässt sich heute nur noch mutmaßen. Vielleicht war es – man denke an die „großen Bissen" – eine Fasanensuppe oder ein Fasanenragout, vielleicht war es aber auch, wie im folgenden Rezept, ein sorgsam tranchierter Fasan, der zuvor gefüllt und im Ganzen gebraten wurde.

CHRISTI
CRUCI
FIXI
CONST
RUCTA

Wittingauer Bierkarpfen mit Kuba Seite 62

Fasan à la Don Giovanni

Zutaten

2 gut abgehangene Fasane, möglichst mit Innereien
100 g gut durchzogener Speck, fein gehackt
Salz ∅ Pfeffer ∅ 1 Zweiglein Rosmarin
Butter nach Belieben ∅ ca. 250 g Frühstücksspeck, in dünne Scheiben geschnitten ∅ 2 Zwiebeln, fein gehackt ∅ 1 Knoblauchzehe, fein gehackt ∅ 300 g Bratwurstbrät (oder 2–3 Bratwürste) ∅ 8 kleine Weißbrotschnitten

Zubereitung

Die Fasane ausnehmen, waschen und trockentupfen. Gehackten Speck in einer Pfanne (eventuell mit wenig Butter) auslassen und gemeinsam mit den gehackten Innereien, Zwiebeln, Knoblauch und dem Rosmarinzweiglein ca. 10–15 Minuten langsam hell andünsten. Rosmarinzweiglein entfernen und Masse leicht salzen sowie pfeffern. Kurz überkühlen lassen und mit dem Wurstbrät zu einer streichfähigen Fülle verarbeiten. Fasane salzen und pfeffern. Die Haut vom Fasan so lösen, dass die Fülle zwischen Haut und Fleisch geschoben werden kann. Die übrig bleibende Fülle beiseite stellen. Das Rosmarinzweiglein und ein nussgroßes Stück Butter in die Bauchhöhle geben und die Fasane gut mit Speckscheiben umwickeln. In einen Bräter setzen und im vorgeheizten Backrohr bei ca. 180 °C unter ständigem Begießen mit dem eigenen Saft (eventuell auch etwas zerlassener Butter) eine Stunde lang braten. In der Zwischenzeit die restliche Fülle auf die Weißbrotschnitten streichen und diese während der letzten zehn Minuten im Backrohr überkrusten. Fasane tranchieren und mit den Croûtons auf einer heißen Platte servieren.
Als Beilage eignen sich Sauerkraut und gekochte Linsen.

Besonders gut gelingt dieses Rezept, wenn man in das Wurstbrät für die Fülle auch rohe Gänseleberwürfel und einen Schuss Portwein einmengt. Foto Seiten 68/69

Neben dem Fasan spielt in Mozarts *Don Giovanni* noch ein anderes äußerst wohlschmeckendes Tier eine wichtige, ja vielleicht sogar die geheime Hauptrolle. Es handelt sich um keinen Geringeren als Don Giovannis Diener Leporello, dessen Name auf Deutsch nichts anderes bedeutet als „Häschen". Während Giovanni jedoch am Schluss der Oper in der Hölle schmort, landet letzteres, zumindest im folgenden Rezept, im Schmortopf.

Geschmorter Leporello

Zutaten

1 kleinerer Wildhase, abgezogen und in 8–12 Stücke zerteilt
Salz ∅ Pfeffer ∅ 125 g Speck, kleinwürfelig geschnitten
1 EL Butter ∅ 2 EL Mehl ∅ 8 Schalotten, geschält
1 Bund Suppengrün (Wurzelgemüse)
350 ml Wildfond oder Rindsuppe ∅ 350 ml kräftiger Rotwein ∅ 2 Gewürznelken ∅ 1 Bund Petersilie
2 Lorbeerblätter ∅ 1 kleine Knoblauchzehe

Zubereitung

Den Speck mit der Butter in einer Pfanne auslassen und die leicht gepfefferten und gesalzenen Hasenstücke darin rundum Farbe nehmen lassen. Mit gesiebtem Mehl bestreuen. Die Schalotten sowie das grobwürfelig geschnittene Wurzelgemüse hinzufügen und etwa 6–10 Minuten mitbraten. Danach mit heißer Suppe und Wein aufgießen, alles aufkochen lassen und Gewürznelken, Petersilie, Lorbeerblätter und Knoblauch zugeben. Alles zugedeckt auf kleiner Flamme oder im auf 160 °C vorgeheizten Backrohr 1 1/2–2 Stunden schmoren lassen. Danach die Hasenstücke herausheben und auf einer heißen Platte warm stellen. Die Sauce durch ein Haarsieb oder ein Küchentuch seihen, entfetten, noch einmal aufkochen und so lange einreduzieren, bis sie schön sämig ist. Danach über das Fleisch gießen und mit Böhmischen Knödeln servieren.

Kaiser Leopold II. – hier bei einem Festessen – genoss zwar die Musik von Mozarts Krönungsoper „Titus", verweigerte deren Komponisten jedoch den beruflichen Aufstieg. (Gemälde von Maria Catharina Gürtler, 1792, Schwarzenbergische Sammlungen, Murau)

Mozart und Casanova

Kurioserweise machte Mozart ausgerechnet in Prag auch die persönliche Bekanntschaft jenes Mannes, der wie kein anderer der Bühnenfigur des Don Giovanni als Vorbild diente: Giacomo Casanova. Dieser arbeitete seit 1785 als Bibliothekar auf dem Waldstein'schen Schloss im nordböhmischen Duchcov und reiste eigens nach Prag an, um der Uraufführung des *Don Giovanni* am 29. Oktober 1787

Fasan à la Don Giovanni Rezept Seite 66

In Prag – hier die Karlsbrücke mit Blick auf die Kleinseite auf einem zeitgenössischen Stich – fühlte Mozart sich und seine Musik besser verstanden als in jeder anderen europäischen Stadt.

beizuwohnen. Über die Begegnung von Mozart, seinem Librettisten Lorenzo Da Ponte und Casanova ist viel spekuliert worden, ja es wurde von Hanns-Josef Ortheil sogar ein ganzer Roman darüber geschrieben. Wie intensiv die Bekanntschaft – der Komponist traf den Schwerenöter auf einem Ball im Prager Palais Bretfeld – wirklich war, ist nicht bekannt. Fest steht nur, dass Casanova sich nach der Premiere bemüßigt fühlte, den Text des Sextetts umzuarbeiten, das mit Masettos Vorschlag endet, Don Giovanni schlicht und einfach totzuschlagen.

In jedem Fall scheint Casanova Mozarts „Dramma giocoso“ mit Humor genommen zu haben, und vielleicht hat sich der leidenschaftliche Gourmet nach dem Ohrenschmaus aus Mozarts Feder ja auch mit einer seiner aphrodisischen Leibspeisen getröstet.

Casanova-Salat

Zutaten

2 Orangen ∅ 1 Apfel ∅ 2 Pfirsiche ∅ 2 Feigen
Saft von 1/2 Zitrone ∅ 250 g Muskateller-Trauben
1 EL Weizenkeime ∅ 1 TL grüne Pfefferkörner
125 ml Buttermilch ∅ 125 ml Crème fraîche oder
Crème double ∅ 125 ml Portwein ∅ 4 Lakritzenstangen
8 kandierte Veilchen oder kandierte Früchte

Zubereitung

Orangen schälen und filetieren, Apfel und Pfirsiche nach dem Schälen in Spalten schneiden. Feigen vierteln. Das ganze Obst vermischen, mit etwas Zitronensaft beträufeln und mit Weizenkeimen sowie grünen Pfefferkörnern bestreuen. Buttermilch, Crème fraîche und Portwein miteinander verrühren und den Salat damit marinieren. Mit Lakritzenstangen und kandierten Veilchen dekoriert servieren.

Foto Seiten 72/73

Die Mozarts in Wien

Mozarts Beziehung zur Kaiserstadt Wien begann wahrhaft imperial – nämlich auf dem Schoß Kaiserin Maria Theresias, auf den das damals sechsjährige „Wunderkind“ nach einem Konzert in Schönbrunn kletterte –, und er blieb dem kaiserlichen Hof, der darauf freilich recht unterschiedlich reagierte, bis zuletzt verbunden. Kaiser Joseph II. schätzte an Mozart vor allem dessen Bemühungen um die Schaffung einer deutschen Nationaloper, zog aber letztlich doch Salieris feierlich-behäbigen Stil vor. Leopold II., der eher dem italienischen Opernschaffen zugeneigt war, ließ sich anlässlich seiner Krönung zum König von Böhmen zwar mit Mozarts eigens zu diesem Zwecke geschaffener Oper *La Clemenza di Tito* als besonders gütiger Herrscher abfeiern, verweigerte Mozart in Wien jedoch den Aufstieg zum zweiten Kapellmeister, dessen Gehalt der schwer verschuldete Komponist vor allem in seinen letzten beiden Lebensjahren dringend gebraucht hätte.

W. A. Mozart. Porträt von einem unbekanntem Meister. Pastell, 1786.

Unabhängig von seinen Beziehungen zum Kaiserhof diente die Stadt Wien Wolfgang Amadeus Mozart jedoch vor allem als Drehscheibe, mit sich selbst und seiner Salzburger Abstammung ein für allemal ins Reine zu kommen. 1781 holte Mozart, damals gerade 25 Jahre alt, nämlich zu einem doppelten Befreiungsschlag aus, dem es nicht an Dramatik fehlte und der sogar eine unübersehbare kulinarische Komponente hatte.

Kunst und Küche

Im Juni 1781 machte Mozart mit seinem selbst formulierten Lebensmotto „Nur nicht kriechen, denn das kann ich nicht leiden“ Ernst. Er trat nicht nur endgültig aus dem Schatten seines Vaters, sondern quittierte auch den als unwürdig empfundenen Lakaiendienst im Salzburger Erzbistum. Und genau das war jenes Ereignis in Mozarts Biographie, das diese, unfreiwillig gewiss, in engste Berührung mit der Küche ihrer Zeit brachte.

Und das kam so.

Als Erzbischof Colloredo Mozart nach dessen Münchner *Idomeneo*-Triumph im März des Jahres 1781 nach Wien befahl, wurde das erfolgsverwöhnte Ex-Wunderkind mit der Tatsache konfrontiert, dass auch Genies, so sie nicht adelig geboren wurden, in der Feudalgesellschaft nur der Status von Domestiken zukam. Mozart wurde unter einem Dach mit „Kuchlmenschern“ und Lakaien im Wiener Deutschordenshaus, das zu den Besitzungen des Salzburger Erzstifts zählte, recht unkomfortabel untergebracht und ausgerechnet dem Oberstküchenmeister Graf Karl Joseph Graf Arco (laut Mozart ein „dummer Schöps“) zur kritischen Beobachtung seines Lebenswandels und Unterbindung allfälliger Nebenverdienste zugeteilt.

Wie sehr Mozarts Temperament ob dieser Nähe zum

Casanova-Salat

Rezept Seite 70

Küchenpersonal kochte, lässt sich auch in den Briefen nachlesen, die Mozart damals an seinen in Salzburg verbliebenen Vater Leopold schrieb. „Ich hasse den Erzbischof bis zur Raserei!", heißt es da beispielsweise, und ein andermal steht zu lesen: „Der Mufti HC (Hieronymus Colloredo) ist ein Schwanz, Gott aber mitleidig, barmherzig und liebreich."
Nachdem Mozart sich solchermaßen heiß geschrieben hatte, konnte der Eklat, den er nach mehreren unerfreulichen Auftritten mit dem Erzbischof durchaus selbst provoziert hatte, nicht mehr lange auf sich warten lassen. Die Auseinandersetzung zwischen dem Fürsterzbischof und seinem jährlich mit 450 Gulden besoldeten Hoforganisten endete am 9. Juni 1781 mit jenem „Tritt in den Arsch", mit dem Oberstküchenmeister Arco dem salzburgischen Dienstverhältnis, um dessen Auflösung Mozart zuvor selbst mehrfach gebeten hatte, ein recht drastisches Ende setzte.

Serenaden oder Limonadenhütten?

Mozart, nunmehr das, was man heute einen „neuen Selbständigen" nennen würde, pflegte am glatten Wiener Parkett fürderhin vor allem die Aufpolierung der „Marke Ich" – und veranstaltete, um seinen Bekanntheitsgrad in der Wiener Gesellschaft auszubauen, eine Serenade nach der anderen. Derlei gesellig-musikalische Veranstaltungen fanden zumeist im Weichbild gastronomischer Institutionen wie etwa der Restauration des Hoftraiteurs Ignaz Jahn in der „Alten Favorita" in der Oberen Augartenstraße statt und hatten daher im Volksmund den Spitznamen „Limonadenhütten". So bezeichnete man die im Wien des ausgehenden 18. Jahrhunderts besonders chicen „Erfrischungszelte", in denen zu Musikbegleitung Drinks wie Zitronenlimonade, Fruchtweine und Mandelmilch, aber auch Eisspezialitäten, damals schlicht „Gfrornes" genannt, serviert wurden.
Besonderer Beliebtheit bei der zwischen den mondänen Zeltlandschaften am Hohen Markt oder am Graben flanierenden Wiener Bevölkerung erfreute sich damals auch einen Gewürzwein namens Hippokras, dem Richard Strauss und Hugo von Hofmannsthal – als eine von zahllosen Hommagen an Mozart und seine Epoche – später auch in der Lever-Szene im ersten Akt ihres „Rosenkavaliers" ein wohlklingendes Denkmal setzen sollten.

Hippokras

Zutaten

8–10 große Reinetteäpfel, geputzt, geschält und in Scheiben geschnitten ∅ Saft einer halben Zitrone
250 g Zucker ∅ 8 weiße Pfefferkörner
Schale einer halben Zitrone ∅ 1 Zimtstange (ca. 10 g)
60 g Mandeln, geschält und zerstoßen
4 Gewürznelken ∅ 2 Flaschen trockener Weißwein

Zubereitung

Apfelscheiben mit Zitronensaft beträufeln und in einen großen Topf legen. Zucker, Pfeffer, Zitronenschale, Zimt, Mandeln und Gewürznelken hinzufügen und alles mit Weißwein begießen. Mindestens 24 Stunden lang unter mehrmaligem Umrühren zugedeckt ziehen lassen, durch ein Haarsieb oder ein Küchentuch in einen großen Krug filtrieren und kalt servieren.

In anderen Hippokras-Rezepten werden auch Ingwer und Muskatnuss hinzugefügt. Der (zur Mozartzeit für breitere Massen kaum leistbare) Zucker wurde früher häufig durch Honig ersetzt.

Jean Baptiste Siméon Chardin, 1699–1779. Die Attribute der Musik, 1765. Öl auf Leinwand.
Vorherige Doppelseite: Im Hintergrund das Prager Ständetheater (heute Tyl Theater).
Hier fand die Uraufführung von Mozarts „Don Giovanni" 1787 statt.

Wie beliebt derlei süße Elixiere in der Rokoko-Epoche tatsächlich waren, beweist auch eine noch zu Zeiten der sittenstrengen Kaiserin Maria Theresia erlassene Verfügung an ihre Hofzuckerbäcker, die ausdrücklich untersagte, „Liqueurs in oder außerhalb des Hofs zu brennen, um solche öffentlich oder unter Hand zu verkaufen, und dass nicht wohl gar dergleichen Waren und Effekten bei Hof selbst ihnen abgekauft und in die Wirtschafts-Offizien eingeliefert werden."

Die Wiener Leckermäuler scheinen solche mahnenden Worte freilich in den Wind geschlagen – und munter weitergeschleckt zu haben. Ständig auf der Suche nach „süßen Löcheln", „verzuckerten Trachten" und „Rosolio-Likören" hielten sie sich weniger an die Dekrete vertrockneter Hofbeamter als an Emanuel Schikaneders knallbuntes Phantasiegeschöpf Papageno, dem dieser in der großen Vogelfängerarie aus Mozarts Zauberflöte den Zucker geradezu in den Mund legte:

Schwarzreiter mit Flusskrebsen Rezept Seite 82

(…) Ein Netz für Mädchen möchte ich,
Ich fing sie dutzendweis' für mich!
Dann sperrte ich sie bei mir ein,
Und alle Mädchen wären mein.
Wenn alle Mädchen wären mein,
Dann tauschte ich brav Zucker ein,
Die, welche mir am liebsten wär',
Der gäb' ich gleich den Zucker her.
Und küsste sie mich zärtlich dann,
Wär' sie mein Weib und ich ihr Mann. (…)

Dass Mozarts Konterfei dereinst eines der berühmtesten „Zuckerln" der Welt zieren würde – nämlich die 1890 in der Salzburger Konditorei Fürst in der Salzburger Brodgasse erfundene „Mozartkugel" –, hätten Librettist und Komponist von Papagenos „Zuckerarie" wohl selbst in ihren süßesten Träumen nicht erahnt.

Komponieren und Soupieren

Mozart liebte es, als Komponist im Schlafrock aufzutreten. Am 1. August 1781 schrieb er an seinen Vater nach Salzburg: „Wenn ich recht notwendig zu schreiben hatte, so wartete man mit dem Essen so lange ich wollte, und ich konnte unangezogen fortschreiben, und dann nur zur anderen Türe zum Essen hinein gehen. (…) Sie wissen, dass ich mich gemeinhin hungrig schreibe. – Die guten Freunde, bei denen ich soupieren könnte, essen schon um 8 Uhr oder spätestens um halb 9 Uhr." Familie Mozart ging hingegen kaum jemals vor zehn zu Tisch.

Kulinarischer Alltag auf den Wiener Märkten, wie sie auch dem „Stadtgänger" Mozart wohl bekannt waren. Im Mittelpunkt: die Knödelköchin.

Mozart wurde trotz seiner späten Essgewohnheiten häufig von Freunden und Gönnern eingeladen, ging aber mit solchen Einladungen, allein schon aufgrund seines stark ausgeprägten Selbstwertgefühls, immer ziemlich vorsichtig um und meinte einmal über einen seiner Förderer: „Er ist ganz brav und ein guter Freund von mir. Ich könnte öfters bei ihm zu Mittag speisen, ich pflege mir aber meine Gefälligkeiten niemals bezahlen zu lassen. – Sie wären freilich mit einer Mittagssuppe auch nicht bezahlt." Und als Mozart einmal von der befreundeten Frau von Mesmer in ihr Haus in der Landstraßer Vorstadt eingeladen wurde, schrieb er an seine Schwester: „Wenn ich umsonst fressen will, so brauche ich deswegen nicht auf die Landstraße, da habe ich in der Stadt zu Fuß Orte genug."

Auch auf ein Gläschen Wein, wie es ihm öfter angeboten wurde, ließ sich Mozart nur äußerst ungern einladen, weil ihm „dergleichen Ehrenbezeugungen", selbst wenn sie aufrichtig gemeint waren, zutiefst missfielen.

Am Wein selbst kann es freilich nicht gelegen haben. Denn im Hause von Mozarts Schwiegermutter, Maria Cäcilia Weber – einer Wiener Verwandten des späteren „Freischütz"-Komponisten Carl Maria von Weber – schien der Rebensaft niemals auszugehen: Über Konstanzes Mutter schrieb Mozart als Schwiegersohn in spe an seinen vor allem dem Rheinwein durchaus nicht abholden Vater Leopold, sie trinke wohl gerne, und zwar „mehr als eine

Frau trinken sollte. Doch besoffen habe ich sie noch nie gesehen. Da müsste ich lügen. Die Kinder trinken nichts als Wasser – und obschon die Mutter sie fast zum Wein zwingen will, so kann sie es doch nicht dazu bringen. Da gibt es öfters Streit deswegen."

Am wohl sortierten Wiener Fischmarkt wurden sicherlich auch jene Störe eingekauft, die sich Mozart vom Kellner „Don Primus" gerne noch spätabends hinauf in seine Wohnung „catern" ließ.

Keinen Streit scheint es indessen über das Hochzeitsmenü des jungen Brautpaars gegeben zu haben, das am 7. August 1782 von der Baronin Waldstädten ausgerichtet wurde und, wie Mozart an den der Hochzeit aus Protest ferngebliebenen Papa schrieb, „in der Tat mehr fürstlich als baronisch war". Dass Mozart sich an diesem Tag tatsächlich wie im Paradies gefühlt hat, bekundete er gewissermaßen dokumentarisch: Bei der Eintragung ins Trauungsbuch veränderte er nämlich wieder einmal seinen Namen und unterschrieb, offenbar aus Freude über seine neue „Eva", als „Wolfgang Adam".

Mit seinen Beteuerungen, dass seine junge Ehefrau „nur Wasser" trank, hat Mozart allerdings einigermaßen übertrieben. Zumindest geht aus einem Brief, den Mozart später an die Sponsorin seiner fürstlichen Hochzeitstafel, die Baronin von Waldstätten, verfasste, durchaus eine gewisse Neigung Konstanzes wennschon nicht zum Wein, so doch zum köstlichen Gerstensaft hervor:

Ein Frauenzimmer
und ein Bier
Wie reimt sich das zusamm'? –
Das Frauenzimmer
besitzt ein Bier,
Davon schickt sie
ein' Plutzer mir,
So reimt es sich zuzsamm'.

Und weiter schreibt Mozart: „Nun aber senza burle („spaßohne"). Wenn mir Euer Gnaden auf heute abends einen Plutzer zukommen lassen könnten, so würden sie mir wohl eine große Gnade erweisen. – Denn meine Frau ist – ist und hat Gelüste – und aber nur zu einem Bier, welches auf englische Art zugerichtet ist."

Und sollte der „Plutzer Bier" an diesem lustvollen Abend doch nicht ganz ausgetrunken worden sein, so hätte der Rest sicherlich noch für die Zubereitung der folgenden Köstlichkeit gereicht:

Gespickte Ochsenzunge Rezept Seite 85

Altwiener Bier-Schado

Zutaten

4 Eidotter ∅ 125 ml Wein ∅ 500 ml Bier ∅ 1 EL Zucker
1 Prise Zimtpulver ∅ Schale einer Zitrone

Zubereitung

Die Eidotter gut mit Wein verquirlen und anschließend mit dem Bier vermischen. Zucker, abgeriebene Zitronenschale und Zimt hinzufügen. Alles in einem Kessel über heißem Dampf zu Schaum schlagen und in Tassen servieren.

Von Schwarzreitern und Ochsenzungen

Dass zwischen Vater und Sohn Mozart spätestens seit der „Fußtritt-Affäre“ eine gewisse Eiszeit eingetreten war, ist zwar offenkundig, hinderte Mozart aber keineswegs daran, mit seinem Vater zumindest in kulinarischer Hinsicht weiterhin regen Austausch zu pflegen. Wie später bei Gioacchino Rossini findet man auch in Mozarts Korrespondenzen immer wieder Hinweise, in denen dieser sich diverse Köstlichkeiten aus seiner Salzburger Heimat bestellte. „Könnte ich nicht Schwarzreiter bekommen?“, schrieb Mozart etwa am 31. August 1782 an seinen „trés cher Pére“, der die Botschaft offenbar verstand und seine immer noch aufrechten Beziehungen zum Salzburger „Küchenadel“ nützte, um seinem Sohn ein paar Salzkammergut-Saiblinge – auch Schwarzreiter, Rötel oder Salmling genannt – nach Wien zu schicken, wohin sie, wie damals üblich, lebendfrisch in Wasserfässern mit der Postkutsche transportiert wurden. Der Saibling, muss man dazu wissen, war damals als „Fürstenfisch“ ausschließlich der Verarbeitung für die erzbischöfliche Tafel und dem Export an den kaiserlichen Hof in Wien vorbehalten.

Schwarzreiter (Saibling) mit Flusskrebsen

Zutaten

4 Saiblinge à 250 g ∅ 12 Flusskrebse (oder Krebsschwänze) ∅ Salz ∅ 1,25 l Wasser ∅ 150 ml Essig
100 ml Weißwein ∅ 1 Bund Wurzelwerk (Suppengrün)
1 Zwiebel ∅ 10 Pfefferkörner ∅ 1 Lorbeerblatt
100 g Butter ∅ 2 EL Dillspitzen ∅ 1 Msp Senf

Zubereitung

Die Saiblinge möglichst frisch geschlagen verwenden und vorsichtig unter fließendem Wasser waschen, ohne den feuchten Film auf der Haut zu verletzen, der für die blaue Farbe sorgt. Danach die Saiblinge mit dem geöffneten und etwas auseinander gespreizten Bauchlappen nach unten in eine Kasserolle setzen, 2 Esslöffel vom Essig erhitzen, über die Fischhaut träufeln und kurz einwirken lassen. In der Zwischenzeit für den Essigsud Wasser mit dem restlichen Essig, Wein, Gemüsen und Gewürzen aufkochen und etwa 30 Minuten lang kochen lassen. Dann über die Fische gießen. Die Saiblinge in diesem Sud knapp unter dem Siedepunkt etwa 1/2 Stunde lang gar dünsten und in den letzten 5 Minuten die Flusskrebse mitziehen lassen. Flusskrebse aus dem Sud nehmen, kalt abschrecken, Schwänze ausbrechen und ebenso wie die Scheren auslösen. In einer Kasserolle Butter auf geringer Flamme schmelzen lassen, Senf und Dillspitzen unterrühren und das Krebsfleisch untermengen. Die Saiblinge mit der Senf-Krebsenbutter, gerösteten Brotschnitten und Blattsalaten servieren.

Wer dieses Rezept etwas vereinfachen will, kann statt Saiblingen auch Saiblingsfilets verwenden und diese, mit Essigsud gerade bedeckt, etwa 10 Minuten lang gar ziehen lassen. Das Rezept eignet sich übrigens auch hervorragend für Forellen bzw. Forellenfilets. Foto Seiten 76/77

„Hier, meine Schönen, uebergeb' ich meine Vögel". Szenenbild der „Zauberflöte"-Uraufführung im Freyhaustheater Wien, 1791. Kolorierte Radierung, von Josef und Peter Schaffer, 1795.

Mindestens ebenso wie Saiblinge scheint Mozart Rinds- und Kalbszungen geliebt zu haben, von denen er offenbar auch seiner Sponsorin, der Baronin von Waldstätten, vorgeschwärmt hatte. In das Wiener Fleischerhandwerk setzte Mozart indes augenscheinlich kein allzu großes Vertrauen. Er schrieb lieber seinem Vater nach Salzburg, dass er mit der Baronin, der er sehr viel schulde, unlängst einen „Discours über Zungen" abgehalten habe: „Da sagte sie, dass sie gerne einmal eine probieren möchte, und ich habe mich angeboten, ihr eine aufzuwarten. Wenn es sonst noch etwas geben könnte, was ihr eine Seltenheit sein könnte, und Sie wollten es mir schicken, so würden Sie mich in der Tat sehr verbinden."
Und Leopold Mozart schickte.

Gespickte Ochsenzunge

Zutaten

1 ganze Ochsen- bzw. Rindszunge ø 100 g Spickspeck
Salz ø Pfeffer ø 1 große Zwiebel, blättrig geschnitten
100 g Frühstücksspeck, in Scheiben geschnitten
30 g Butterflöckchen ø ca. 250 ml kräftige Rindsuppe
4 EL Sauerrahm ø 1 Schuss Zitronensaft

Zubereitung

Die Rindszunge ca. 1 Stunde lang halbweich kochen. Haut abziehen, Zunge kalt stellen und dann auf der Oberseite mittels einer Spicknadel in drei Reihen spicken. Leicht salzen und pfeffern. Eine Bratpfanne mit Frühstücksspeck- und Zwiebelscheiben auslegen, die Ochsenzunge darauf setzen und mit den Butterflocken belegen. Ins auf 180 °C vorgeheizte Backrohr schieben und dort unter gelegentlichem Begießen mit heißer Rindsuppe eine weitere halbe Stunde braten. Sobald der Spickspeck schön braun geworden ist, Rahm angießen und weitere 15 Minuten garen. Die Zunge aus dem Bräter nehmen, in halbzentimeterdicke Scheiben schneiden und auf einer heißen Platte kreisförmig anrichten. Die Sauce passieren, noch etwas einreduzieren lassen, mit Zitronensaft abschmecken und über die Zunge gießen. Dazu passen gemischte, gekochte Gemüse. *Foto Seiten 80/81*

Papageno in Sarastros Küche

Während Wolfgang Amadeus Mozarts „Sarastronatur" in seinen Aufzeichnungen kaum Niederschlag findet und wohl nur seinen Freimaurer-Freunden wirklich bekannt war, lacht einem der „Papageno in Mozart" selbst in Zeiten, in denen schwere Schicksalsschläge das Leben des Genies trübten, aus unzähligen Seiten seines Briefverkehrs

entgegen, die Mozart als fröhlichen Hedonisten ausweisen. Erst in der *Zauberflöte* hat Mozart dann mit Emanuel Schikaneders tätiger Hilfe beide Seiten seines Wesens – jenes des plappermäuligen Vogelfängers und jenes des auf der Suche nach Erkenntnis „in diesen heil'gen Hallen" wandelnden Weisen – auf eine Bühne gebracht.
„Herr Sarastro führt eine gute Küche", sagt Papageno, der es wissen muss, während der „Schweigeprobe" im zweiten Akt zum standhaften Tamino, und er fährt fort:

Auf die Art, ja da will ich schon schweigen, wenn ich immer solche gute Bissen bekomme. (...) Nun will ich sehen, ob auch der Keller so gut bestellt ist. – Ha! – Das ist Götterwein! (...) Der Herr Koch und der Herr Kellermeister sollen leben!

Nähere Details erfahren wir über Sarastros Küche und Keller leider nicht. Dass Papageno der kulinarische Genuss über – fast – alles geht, daran lässt der Vogelfänger freilich selbst in Extremsituationen keinen Zweifel aufkommen. Wenn etwa die als altes Weib verkleidete Papagena ihren Papageno vor die Alternative stellt, sie entweder zu heiraten oder den Rest seines Lebens bei Wasser und Brot zu verbringen, denkt er nicht lang nach und meint: „Wasser trinken? Der Welt entsagen? Nein, da will ich doch lieber eine Alte nehmen als gar keine."
Über die kulinarischen Vorlieben des Vogelfängers, der nach eigenen Worten „vom Essen und Trinken" lebt und für den die Liebe die „Würze der Lebenstage" ist, lässt uns das Libretto der *Zauberflöte* indessen keineswegs im Unklaren. Schon zu Beginn der Oper setzt er das Publikum über seine Vorliebe für Wein, Zuckerbrot und süße Feigen in Kenntnis. Die von ihm gefangenen Vögel verspeist Papageno zwar nicht selbst, er lässt aber durchblicken, dass er die „drei Damen" und die Königin der Nacht im Verdacht habe, die von ihm gelieferte Ware zu „sieden oder (zu) braten".

Papageno hat, tierliebend wie er (und auch Mozart selbst) war, anstatt Singvögel vermutlich wesentlich lieber gespickte und glacierte Kalbsvögerl verspeist.

Kalbsvögerl „Papageno"

Zutaten

800 g Kalbsvögerl (Frikandeau von der unteren, fleischigen Seite der Kalbsstelze) ∅ 100 g durchzogene Speckstreifen
Etwas Suppe zum Aufgießen ∅ Salz ∅ 50 g Butter
1 Zwiebel ∅ 1 kleine gelbe Rübe, in Scheiben geschnitten
1 kleine Karotte, in Scheiben geschnitten
125 ml Rindsuppe ∅ 100 ml Weißwein

Zubereitung

Kalbsvögerl mittels Spicknadel beidseitig spicken und salzen. Butter in einer Kasserolle zerlassen und die in Scheiben geschnittene Zwiebel darin auf kleiner Flamme andünsten. Das Fleisch darauf setzen und eine Stunde lang zugedeckt weich dünsten. Bei Bedarf etwas Suppe angießen. Danach den Deckel abheben, Kalbsvögerl in das auf 180 °C vorge-heizte Backrohr stellen und dort unter häufigem Begießen mit Eigensaft braten, bis Speck und Fleisch schön goldbraun sind. In der Zwischenzeit das in Scheiben geschnittene Gemüse in Rindsuppe und Weißwein etwa 20 Minuten lang kernweich dünsten, bis ein Großteil der Flüssigkeit verdampft ist. Danach die Kalbsvögerl in feine Scheiben schneiden und auf einer heißen Platte anrichten. Den Bratenfond passieren, mit dem gedämpften Gemüse vermischen, kurz einkochen lassen und mit kalten Butterflocken binden. Das Gemüse über die Kalbsvögerl verteilen, mit der Sauce nappieren und mit Butterreis servieren. *Foto Seiten 84/85*

Kalbsvögerl „Papageno

Rezept Seite 86

Wirtshausbummel mit Amadeus

Was seine kulinarische Sozialisation betrifft, so ist Papageno – ein gefiederter Nachfahr des Hanswurst – zweifellos ein Wiener jener Sorte, über die schon Enea Silvio Piccolomini, der spätere Papst Pius II., schrieb: „Das Volk hält sehr viel auf Speise und Trank. Was es die ganze Woche über verdient hat, das wird am ersten Feiertag wieder verzehrt.“

Dass das Gewerbe des Gastwirts in einer solchen Stadt auf goldenen Boden fiel, versteht sich von selbst. Doch es war ein vorwiegend bürgerlicher, oft auch kleinbürgerlicher Boden, auf dem die Wiener Gastwirtschaften gediehen. Die noble Bewirtung eleganter Herrschaften fand fast ausschließlich hinter den Fassaden der Paläste statt. Die Entwicklung des modernen Restaurants, in Paris schon vor der französischen Revolution vollzogen, setzte in Wien erst viel später ein. Mozart, ein Luftgänger zwischen den sozialen Welten seiner Zeit, hatte in seinen Wiener Jahren jedoch ausreichend Gelegenheit, die Wiener Küche hinter den Palastfassaden ebenso kennen zu lernen wie jene der einfachen Schenken und Wirtshäuser. Daher verstand er Masettos und Zerlinas Bauernhochzeit ebenso authentisch in Töne umzusetzen wie Don Giovannis letztes Festmahl.

Der große Erfolg rettete Mozart und Schikaneder vor dem Ruin: Theaterzettel der Uraufführung von Mozarts Oper „Die Zauberflöte“ am 30. Oktober 1791 im Theater an der Wieden (Freihaustheater).

Die bürgerliche Wiener Wirtshaustradition, wie Mozart sie vorfand, stand noch voll und ganz im Zeichen der „Fress-, Sauf- und Luderhäuser“, die sich aus den Badstuben des Mittelalters entwickelt hatten. Entsprechend elend war auch lange Zeit der Ruf des Wiener Gastgewerbes, dem man wenig Gutes nachzusagen wusste, außer dass es dort für gewöhnlich eine recht opulente Küche gab, in der – wie Friedrich Schiller nur fünf Jahre nach Mozarts Tod schrieb – „immer Sonntag“ ist und „immer am Herd sich der Spieß“ dreht.

Eufemia von Kudriaffsky zeichnet noch in ihrem 1874 erschienenen Werk über die „Historische Küche“ das folgende „Culturbild“ des Wiener Gasthauses im 18. Jahrhundert: „In den gewöhnlichen Wiener Gasthöfen waren die Betten zu kurz, die Kissen mit blauen Überzügen versehen, damit man den Schmutz nicht sehe. (…) Der Wirth mit der traditionellen fetten Sammetmütze und blauen Schürze war gleich unausstehlich, er mochte sich durch Grobheit oder aufdringliche Höflichkeit auszeichnen; Prellerei in des Wortes schlimmster Bedeutung war und blieb sein Losungswort.“

Die Wiener Gastronomie der letzten Lebensjahre Mozarts spielte sich, wie man zeitgenössischen Berichten entnehmen kann, vor allem zwischen drei Arten von Betrieben ab: Es gab so genannte Speisehäuser, die vor allem auch

Weinschenken waren, was sie auch durch den üblichen Buschen aus Tannenzweigen dokumentierten. Die zweite Art der Speisehäuser waren Bierschenken, die man an einem Büschel Späne über dem Eingang leicht als solche erkannte. Außer den Wein- und den Bierhäusern gab es – die dritte und wohl häufigste Spielart – jede Menge kleiner Garküchen in den Vorstädten, wo, wie ein deutscher Reisender kurz nach Mozarts Tod schrieb, „immer Würste, Geschlinge und Gekröse, auch wohl besseres Fleisch über dem Feuer schmoren und lieblich durch die Nase zum Herzen dringen".

Bei Mozarts Wienbesuchen kam der Wiener Wirtshaustopographie von Anfang an eine bedeutende Rolle zu. Bereits bei ihrem ersten Wien-Besuch logierte die Familie Mozart in einem Wirtshaus, bei dem es sich vermutlich um den „Weißen Ochsen" am Fleischmarkt handelte. Mozart wohnte und speiste auch im Gasthaus „Zum roten Säbel" in der heutigen Färbergasse 5, wo er unter anderem seine *Waisenhausmesse* in c-Moll schrieb. Mit Sicherheit war Mozart auch im heutigen „Griechenbeisel" (früher: „Zum roten Dachl") am Fleischmarkt zu Gast, wo er sich im so genannten „Unterschriftenzimmer" – wie nach ihm auch Ludwig van Beethoven, Mark Twain, Albert Einstein und Gina Lollobrigida – mit seinem Namenszug an der Wand verewigte.

Eine andere „gastronomische Mozart-Gedenkstätte" ist das Hotel Ambassador am Neuen Markt 5, an dessen Stelle sich im 18. Jahrhundert, gleich gegenüber dem Donnerbrunnen, die Gaststätte „Zur Mehlgrube" befand. Hier war neben dem städtischen Mehldepot auch ein großer Saal untergebracht, in dem Mozarts *d-Moll-Klavierkonzert KV 466* erstmals erklang.

Was Mozart danach gespeist hat? Was spräche in einer „Mehlgrube" beispielsweise gegen eine zeitgenössische „süße Mehlspeis" wie diese.

Wiener Apfelfleckerlspeise

Zutaten

200 g Nudelfleckerl (aus 2 Eiern und 200 g Mehl, ersatzweise Fertigware) ∅ 250 g Butter, zimmerwarm ∅ 250 g Apfelkompott ∅ 2 EL Rosinen ∅ Saft einer halben Zitrone ∅ 2 EL Mandeln, geschält und fein gewiegt ∅ 2 EL Zucker, mit etwas Zimtpulver vermischt ∅ Salz ∅ Butter zum Ausstreichen der Form ∅ Butterflocken nach Belieben

Zubereitung

Die Fleckerl in Salzwasser kernweich kochen. Butter in einer Schüssel schaumig rühren und mit Fleckerln sowie Apfelkompott, Rosinen, Zitronensaft und Mandeln vermischen. Eine Form mit Butter ausstreichen, die Fleckerlmasse einfüllen, mit der Hälfte des Zimtzuckers bestreuen und mit ein paar zusätzlichen Butterflocken belegt ins auf 180 °C vorgeheizte Backrohr schieben. Unter mehrmaligem Bestreuen mit dem Rest des Zimtzuckers goldgelb backen.

Statt des damals noch sehr teuren Zimtzuckers hat man die Fleckerln zu Mozarts Zeit zumindest in bürgerlichen Gasthäusern mit einer Mischung aus Zitronensaft und Honig übergossen. In diesem Fall sollte man die Hitze unbedingt reduzieren, da Honig beim Erhitzen schnell schwarz wird.

Foto Seiten 90/91

Mozarts letzter „Kammerdiener"

Den größten Teil seiner letzten Lebensmonate, in denen immerhin die Opern *La Clemenza di Tito* und *Die Zauberflöte* sowie das *Requiem* entstanden, verbrachte Mozart als

Das imperiale Wien, in dem Wolfgang Amadeus Mozart lebte und arbeitete, war eines der „Fress-, Sauf- und Luderhäuser", vor allem aber auch eines der hervorragend sortierten Märkte. (Bernardo Bellotto/Canaletto: Freyung, Ansicht von Südosten, 1760)

so genannter „Strohwitwer" allein in Wien, weil seine Frau Konstanze in Baden zur Kur weilte. Kurzum: Er speiste, wenn er nicht bei seinen Freunden Emanuel Schikaneder, dem Librettisten der *Zauberflöte,* oder seinem Schüler Franz Xaver Süßmaier eingeladen war, zumeist allein. Besonders gerne tat Mozart das, wie aus seinen letzten Briefen hervorgeht, im Gasthof „Zur Ungarischen Krone" Ecke Seilerstätte/Himmelpfortgasse, der später auch eines

Wiener Apfelfleckerlspeise Rezept Seite 88

der Stammlokale Franz Schuberts werden sollte. Die „Ungarische Krone“ hatte gegenüber anderen Gaststätten den Vorteil einer „durchgehenden Küche“, die dem notorischen Spätesser Mozart durchaus zupass kam: „Es schlug schon halb drei“, schrieb Mozart an sein „liebstes, bestes Weibchen“, das im fernen Baden im „Haus zum Blumenstock“ weilte, „ich ging zur ‚Ungarischen Krone‘, weil es überall zu spät war – sogar da musste ich alleine essen, weil die Gäste alle schon fort waren. (…) Für mich ist es nicht gut alleine sein, wenn ich etwas im Kopf habe – um halb vier war ich schon wieder zu Hause. (…) Zur Nacht esse ich, nur um nicht alleine zu sein, wieder bei der Krone.“

Ein anderes Stammlokal Mozarts war das „Wirtshaus zur goldenen Schlange“ in der Kärntnerstraße 12 (heute Eisdiele Castelletto), in dem der Kellner Primus bei Mozart soviel Vertrauen genoss, dass dieser „brave Mann“ nicht nur seine Post aufgeben durfte, sondern für Mozart Ähnliches gewesen sein dürfte, was Leporello für Don Giovanni war. Nachdem Mozart etwa, offenbar bereits in arger finanzieller Bedrängnis, seinen „Klepper“ verkauft hatte, den ihm die Ärzte wegen seiner sitzenden Lebensweise als eine Art Ausgleichssport verordnet hatten, tröstete er sich nach eigenen Worten durch einen schwarzen Kaffee, den Primus ihm brachte, und zu welchem er „eine herrliche Pfeife Toback schmauchte“. Und als Mozart am selben Abend beim Stubentor hinausging, schrieb er kurze Zeit später an Konstanze: „Was sehe ich? Was rieche ich? Don Primus ist es mit den Karbonadeln! – Che gusto!“

Rindskarbonadeln

Zutaten

1 kg Rindfleisch von der Hochrippe (mit Knochen)
1 EL fetter Speck, fein gehackt
1 Semmel, in Milch geweicht
100 g Butter- oder Schweineschmalz ø 2 Eier
Salz ø Pfeffer ø 2 EL Schlagobers
Rindsuppe oder Salzwasser zum Kochen

Für die Sauce

50 g Speck, ausgelassen ø 1 Zwiebel, blättrig geschnitten
1 gelbe Rübe, geviertelt ø 1 KL Mehl
Ca. 200 ml Rindsuppe ø 1 Schuss Weinessig
oder Weißwein

Zubereitung

Das Fleisch von den Knochen lösen und Knochen fein hacken (oder vom Fleischhauer vorbereiten lassen). Für die Sauce zunächst Knochen mit Häuten und sonstigen Abfällen mit ausgelassenem Speck, blättrig geschnittener Zwiebel und gelber Rübe gut durchrösten, dann mit etwas Mehl stauben, mit Essig oder Weißwein sowie etwas heißer Rindsuppe ablöschen und zugedeckt auf kleiner Flamme, unter gelegentlichem Nachgießen von Flüssigkeit, zu einer sämigen Sauce verkochen.
In der Zwischenzeit das Rindfleisch fein schaben oder durch den Fleischwolf drehen (bzw. im Blitzcutter zerkleinern). Das Fleisch mit fein gehacktem Speck, geweichter, aber gut ausgedrückter Semmel, Schmalz, Obers, Eiern, Pfeffer und Salz zu einem Fleischteig abmischen und daraus apfelgroße Kugeln formen. Die Fleischkugeln in Rindsuppe oder Salz-wasser gar kochen und mit der passierten Sauce sowie Butterreis servieren.

Der Einfachheit halber kann dieses Rezept auch mit faschiertem Rind- oder Kalbfleisch zubereitet werden.

Mozart – ein „neuer Selbständiger" seiner Zeit am glatten Wiener Parkett? – Der Michaelerplatz. Kolorierter Stich von Carl Schütz und Johann Andreas Ziegler, um 1790.

Auch im vorletzten Brief, der aus der Hand Mozarts erhalten ist, spielt „D(on) Primus, welcher mein getreuer Kammerdiener ist" noch einmal eine „tragende Rolle". Er war es nämlich, der Mozart in der Nacht vom 8. zum 9. Ok-tober 1791 „ein kostbares Stück Hausen" brachte, das Mozart, wie er sich ausdrückte, „zu Leib nahm".
Der Hausen – einer der größten, heute fast ausgestorbenen Vertreter der Störfamilie – war zu Mozarts Zeit noch in der Donau anzutreffen. Die „Hausenblase" war als Geliermittel äußerst begehrt, jedoch galt auch das Fleisch des bis zu 9 m langen und 1000 kg schweren Fisches als große Delikatesse. Wer wissen möchte, wie Mozarts Hausen geschmeckt hat, wird mit Störrezepten wie etwa dem folgenden Annäherungswerte erzielen können.

Stör in Kapern-Ingwersauce

Rezept Seite 96

Stör in Kapern-Ingwersauce

Zutaten

4 Störkoteletts à ca. 200 g ø 1 Spritzer Zitronensaft
Salz ø 1 Zwiebel, fein gehackt ø 2 EL Butter
1 EL Kapern ø 1 EL Ingwer, fein gehackt
125 ml Weißwein ø 1 Ei ø 125 ml Sauerrahm
Petersilie zum Garnieren

Zubereitung

Störkoteletts mit Zitronensaft beträufeln, salzen und etwa eine Stunde im Kühlschrank ziehen lassen. In einer Pfanne Butter zerlassen, Zwiebeln darin glasig anlaufen lassen und die Störkoteletts auf beiden Seiten leicht anbraten. Störkoteletts aus der Pfanne heben und warm stellen. Kapern und Ingwer zu den Zwiebeln geben, mit Weißwein ablöschen und diesen auf etwa die Hälfte einreduzieren. Sauerrahm und Ei versprudeln und abseits der Herdplatte in die Sauce einrühren. Die Störkoteletts in eine feuerfeste Form setzen, mit der Sauce begießen und im auf 180 °C vorgeheizten Rohr ca. 10 Minuten lang gratinieren. Mit gekräuselter Petersilie anrichten. *Foto Seiten 94/95*

Da Mozart an diesem Abend offenbar ziemlich hungrig war, scheint ihm der köstliche Hausen nicht gereicht zu haben. Er schickte seinen Primus also, „da mein Appetit heute etwas stark ist, (…) wieder fort, mir noch etwas, wenn es möglich ist, zu bringen." Um halb sieben Uhr in der Früh berichtete er seiner Frau Konstanze dann brieflich, dass er nicht nur „recht gut geschlafen" habe, sondern sich auch ein „halbes Kapaunerl, das mir Freund Primus gebracht hat, herrlich (hat) schmecken lassen."

Dieser Kapaun war die letzte Mahlzeit, von der Mozart selbst berichtet hat. Kurz darauf wurde er bettlägerig. Statt Köchen und Kellnern sagte sich nun immer öfter der Arzt als „steinerner Gast" in Mozarts Wohnung an. Die Behandlung bestand, einer damaligen medizinischen Irrlehre folgend, nahezu ausschließlich darin, den aufgrund eines „hitzigen Frieselfiebers" zunehmend kraftloser werdenden Komponisten so oft zur Ader zu lassen, bis er – wenige Stunden nach einem letzten, offenbar letalen Aderlass – am 5. Dezember kurz nach ein Uhr morgens verstarb.

Die 2001 von einem amerikanischen Internisten aufgestellte Theorie, Mozart habe sich an den Trichinen eines Schweinskoteletts vergiftet, ist nur ein weiteres Beispiel für jenen krausen Legendenreichtum, der sich – vom „filmreifen" Mord durch den Hofcompositeur Antonio Salieri bis hin zur „Hinrichtung" durch Logenbrüder wegen Verrats freimaurerischer Geheimrituale in der *Zauberflöte* – um Mozarts Tod rankte.

Mit diesem ging ein kurzes, über die Maßen erfülltes, von Krisen nicht unbeeinträchtigtes, aber gleichermaßen schwelgerisches Künstlerleben zu Ende, in dem, ganz in barocker Tradition, Lebenslust und Memento mori einander ein genialisch-musikalisches Stelldichein zwischen Dur und Moll gaben. Ganz wie Mozart es im Charakter des Don Giovanni geschildert hat, dessen Höllenfahrt er in düsteres d-Moll tauchte, der uns aber letztlich doch im zwar etwas zwielichtigen, aber strahlenden B-Dur der Champagnerarie in Erinnerung bleibt, in der auch Mozarts diesseitiges Credo erklingt:

Auf denn zum Feste,
Froh soll es werden,
Bis meine Gäste
Glühen von Wein!